国家电网公司

State Grid Corporation of China

高绩效班组建设路径探究

倪慧君　著

山东大学出版社

图书在版编目(CIP)数据

高绩效班组建设路径探究/倪慧君著. —济南:
山东大学出版社,2015.11
ISBN 978-7-5607-5423-9

Ⅰ.①高… Ⅱ.①倪… Ⅲ.①班组管理 Ⅳ.①F406.6

中国版本图书馆 CIP 数据核字(2015)第 306003 号

责任策划:武迎新
责任编辑:武迎新
封面设计:张 荔

出版发行:山东大学出版社
社 址 山东省济南市山大南路 20 号
邮 编 250100
电 话 市场部(0531)88364466
经 销:山东省新华书店
印 刷:山东省英华印刷厂
规 格:720 毫米×1000 毫米 1/16
6.75 印张 125 千字
版 次:2016 年 1 月第 1 版
印 次:2016 年 1 月第 1 次印刷
定 价:20.00 元

目　录

第1部分　概而述之:公司发展中的班组建设管理

中国倡议探讨构建全球能源互联网,推动以清洁和绿色方式满足全球电力需求。中国也愿意同有关各方一道,继续推进"一带一路"建设,推动亚洲基础设施投资银行和金砖国家新开发银行早日投入运营、发挥作用,为发展中国家经济增长和民生改善贡献力量。

——摘自习近平《谋共同永续发展　做合同共赢伙伴》

随着中国经济的飞速发展与改革开放的逐步深入,国家电网公司(以下简称"公司")的改革也在不断地深入。公司无论从科技水平、技术创新还是功能定位,都出现了历史性的跨越和重大突破。目前,国家电网已经进入了以特高压为标志的坚强智能电网发展新阶段,公司将建设电网坚强、资产优良、服务优质、业绩优秀(简称"一强三优")的现代公司设定为战略目标。

1.1 电网发展概况

目前,公司已累计建成"三交四直"特高压工程,在建"四交一直"特高压工程,在运在建特高压输电线路长度超过1.9万千米,变电(换流)容量超过1.9亿千伏安(千瓦),累计送电超过3000亿千瓦时,见图1-1。

图1-1 国家电网公司特高压工程示意图(截至2014年12月30日)①

1.1.1 已投入运营工程

晋东南—南阳—荆门1000千伏特高压交流试验示范工程,2009年1月6日投入运营,输电距离640千米。

向家坝—上海±800千伏特高压直流输电示范工程,2009年11月13日投

① 本图摘自山东电力金种子微信平台。本书图片均摘自该网站和国家电网公司网站,不再另注。

入运营，输电距离 1907.6 千米。

锦屏—苏南±800 千伏特高压直流输电工程，2012 年 12 月 12 日投入运营，线路全长 2059 千米。

皖电东送淮南—浙北—上海 1000 千伏特高压交流示范工程，2013 年 9 月 25 日投入运营，线路全长 2×648.7 千米。

哈密南—郑州±800 千伏特高压直流输电工程，2014 年 1 月 27 日投入运营，线路全长 2210 千米。

溪洛渡左岸—浙江金华±800 千伏特高压直流输电工程，2014 年 7 月 3 日投入运营，线路全长 1653 千米。

浙北—福州 1000 千伏特高压交流输变电工程（简称“浙福特高压工程”），2014 年 12 月 26 日投入运营，新建线路 2×603 千米。

1.1.2 在建工程

锡盟—山东 1000 千伏特高压交流输变电工程，新建线路 2×730 千米。

淮南—南京—上海 1000 千伏特高压交流输变电工程，新建线路 2×780 千米。

宁夏宁东—浙江绍兴±800 千伏特高压直流输电工程，线路长 1720 千米。

浙福特高压工程投入运营后，国家电网公司已累计建成“三交四直”特高压工程，在运在建的特高压输电线路长度超过 1.5 万，累计送电超过 2700 亿度。

1.1.3 浙福特高压工程大数据

45.9% 浙福特高压工程起自浙北 1000 千伏变电站，经浙中 1000 千伏变电站、浙南 1000 千伏变电站，止于福州 1000 千伏变电站。线路沿线地形中，山地占到近一半，为 45.9%，平地则只占 5.6%，余下为高山大岭、河网泥沼和丘陵。

4～5 倍 工程在穿越“两江一湖”等走廊紧张路段时，采用 1000 千伏同塔双汇架设，在极为有限的输电走廊范围内，将输电能力提升 4～5 倍，大幅提高了浙江省内南北电力交换的能力，节约了宝贵的土地资源。

680 万千瓦 工程近期输电能力达 680 万千瓦，远期输电能力可提高到 1050 万千瓦以上，将大大提高浙江与福建联网输电能力。

2 个通道、4 回线路 工程建成后，福建和浙江电网形成特高压和 500 千伏共 2 个通道、4 回线路联系，有效增强抵御台风、冰灾等自然灾害能力。

依托大电网发展新能源，国家电网新能源并网装机已突破 1.2 亿千瓦，成为世界风电并网规模最大、太阳能发电增长最快的电网。特高压在大范围优化能源配置，保障我国能源安全、经济、清洁、高效发展等方面，发挥着日益重要的作用。随着后续“五交八直”特高压工程的加快推进，新增特高压电网投资将达到 4500 亿元，加上各级电网共投资 1.5 万亿元，带动电源和相关产业投资 1.7 万亿元，可年均拉动 GDP 增长0.8%以上，同时还能消化钢铁、水泥等过剩产能，经济、社会、环境效益巨大。

1.2 公司发展概况

进入电网发展的智能阶段和国际化阶段，公司对电网驾驭能力，加强专业化、精益化管理等都提出了更高更严格的标准。由于现有的供电企业的管理机制，大多数并没有随着发展方式的变化而发生改变，很多都是沿用计划经济条件下的机制，很难适应电网快速发展的大环境，从而制约了电网的合理发展。

现阶段公司围绕“一强三优”现代公司战略目标，构建和深入“三集五大”①体系建设，按照集约化、扁平化、专业化方向，变革组织架构，创新管理模式，优化业务流程，深化人财物集约化管理，推进“五大”体系建设，做强公司总部、做实省公司、做优地（市）公司，全面提高公司管理效率、经济效益和服务水平。

长时间以来，公司管理中存在着诸如企业管理成本高、“自转”现象严重、工作层级多而工作链条长、核心资源配置效率不高、执行力逐级衰减等一些薄弱环节。推进“三集五大”体系建设，是公司遵循生产关系适应生产力发展要求，加快构建新型电网管理体制机制的重要举措；是公司建立现代企业管理制度和管理体系，加快建设世界一流电网的迫切需要。公司通过依法治企，推行“四化”②工作，取得了一定的经济效益和社会效益，但是一些涉及企业体制机制的深层次矛盾和问题并没有根本解决。公司改革的内容由战略目标、组织机构的变

① “三集五大”：“三集”指人力资源、财力资源、物力资源集约化管理；“五大”指大规划、大建设、大生产、大检修、大营销体系。

② “四化”：指集团化运作、集约化发展、精益化管理和标准化建设。

革，延伸到基层管理、绩效管理等环节。国家电网公司各总部、各分部（华北、东北、华南、西北、华中）、各省级各地市级公司都开始了形式多样的基层绩效管理实践。

1.3 公司“三集五大”体系建设

1.3.1 公司“三集五大”体系建设总体思想

“三集五大”体系建设是转变公司发展方式的关键，是建设百年老店的“必修课”，也是一项复杂而艰巨的系统工程。

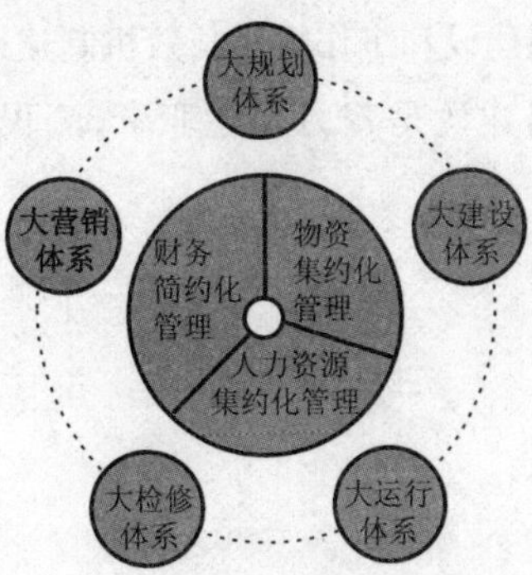

图 1-2 公司“三集五大”体系

“三集五大”体系全面建设要以科学发展观为指导，遵循电网发展和企业管理客观规律，围绕全面建成“一强三优”现代公司战略目标，按照集约化、扁平化、专业化方向，变革组织架构，创新管理模式，优化业务流程，深化人财物核心资源集约化管理，推进“五大”体系及相关机制建设。按照“两级法人、三(四)级管理”的总体架构，统筹人财物核心资源，优化五大业务模式，构建集团运作、协同高效、管控有力的运营机制，做强国家电网公司、做优省公司、做实地(市)公司，全面提高公司管理效率、经济效益和服务水平。把公司建设成管理集中高效、资源集约共享、业务集成贯通、组织机构扁平、工作流程顺畅、制度标准统一、综合保障有力的现代电网企业，达到国际一流水平。

公司“三集五大”体系建设分三个阶段推进：

一是试点建设阶段，从2010年1月到2011年底，主要是设计方案，在国网江苏、重庆电力开展试点，积累经验。

二是体系构建阶段，从2012年初到2013年6月，主要是构建新型管理架构和运转模式。

三是全面建设阶段，从2013年下半年到2014年底，主要是系统设计、整体优化、全面提升，按照更集约、更扁平、更专业、更统筹、更重视基层的要求，全面提高公司管理效率、经济效益和服务水平，建成职责明晰、流程顺畅、科学高效的现代企业管理体系，为公司持续健康发展奠定体制机制基础。

1.3.2 公司“三集五大”体系运营机制建设

“三集五大”体系运营机制建设主要包括三方面，分别是“五位一体”协同机制建设、实时在线管控机制建设和工作推进长效机制建设。

“五位一体”协同机制建设是着力构建职责、流程、制度、标准、考核协同机制。

王师傅，关于“五位一体”我不太明白你能给我讲讲吗
好啊，我们看一下五位一体是啥
流程
职责
什么是“五位一体”
制度
考核
标准

能做的可真不少，一定有不少好处吧
那是当然，我们再来看看做这些有啥意义
业务有效协同
岗位职责落实
管理有效协同
“三集五大”体系高效运转
“五位一体”有啥意义？

实时在线管控机制建设是以各级电力调控、运营监测(控)、客户服务中心为平台，建立现代电网企业管控体系，实现对电网运行、公司运营、客户服务全天候不间断的监测与调控。完善调控一体化、事故抢修统一研判指挥的电网运行机制，充分发挥电力调控中心的电网生产运行指挥中枢作用。

构建公司运营全面监测、异动分析、反馈改进的闭环管理机制，促进公司管理不断完善、业绩持续提升。按照总部层面集中受理、省公司层面转派督办、地(市)县公司具体执行的模式，完善客户服务中心对外服务、对内协调的运作机制，实现客户服务“一口对外、内转外不转”。

工作推进长效机制建设是依据企业年度生产经营活动规律，梳理全年经常性、规律性、重要性工作，明确各层级、各部门、各业务的工作职责和时间要求，形成全年工作“二十四节气表”，增强工作的计划性和业务的协同性。强化工作督察督办，加强过程管控和成效考核，形成责权对等、压力到位、主动工作的良好局面。完善协同监督机制，综合发挥审计、监察、法律的监督保障作用，强化重点业务、关键环节的监督检查，确保正确推进工作，实现既定工作目标。

1.4 公司绩效管理

绩效管理是指管理者与员工之间就目标与如何实现目标上达成共识的基础上，通过激励和帮助员工取得优异绩效从而实现组织目标的管理方法。绩效管理的目的在于通过激发员工的工作热情和提高员工的能力和素质，以达到改善公司绩效的目标。

2003年起，国资委多次下发文件，要求央企抓紧建立和完善全员业绩考核体系。国资委印发了《中央企业负责人经营业绩考核暂行办法》，其后三次修订完善提出了全员绩效管理的要求，要求中央企业要做到有目标、有跟踪、有评价、有反馈，考核与奖惩挂钩，赏罚分明。

2009～2010年，国资委连续印发《关于进一步加强中央企业全员业绩考核工作的指导意见》《中央企业全员业绩考核情况核查计分办法》两个通知。促进企业深化内部制度改革，建立起管理者能上能下、员工能进能出、薪酬能升能降的有效激励机制。

2012年，国资委印发《关于进一步加强中央企业负责人副职业绩考核工作的指导意见》，从健全管理办法、创新考核评价方式、强化考核结果应用等方面提出指导性意见，要求切实加强和改进中央企业负责人副职业绩考核。

2012年，在对公司绩效管理工作总结分析、对部分央企进行深入调研的基础上，公司出台并下发了《国家电网公司企业负责人年度业绩考核管理暂行办法》(国家电网人资〔2012〕456号)和《国家电网公司全员绩效管理暂行办法》(国家电网人资〔2012〕836号)。

2013年，公司修订了《国家电网公司企业负责人年度业绩考核管理办法》(国家电网人资〔2013〕560号)，对企业负责人年度业绩考核进行再次完善，初步形成了具有国家电网公司特色的全员绩效管理体系。

修订后的两个《办法》从制度层面统一规范了全员绩效管理工作，健全了全员逐级考核机制，构建了覆盖各级企业负责人、管理机关和一线员工的全员绩效管理体系，强化了对全体员工的激励和约束，增强了考核的科学性和实用性，为全面落实公司发展战略和年度重点工作提供了强有力的支撑。

绩效管理是一个系统工程，又是"一把手工程"，要想开展并达到好的效果，就必须从思想上重视绩效管理，这就离不开公司领导的支持和理解。在公司党组的正确领导下，公司绩效管理工作取得了很大成效，保障并促进了公司各项工作的顺利开展。

公司按照2012年初提出的全面推进"三集五大"体系建设的意见，明确提出公司要围绕"一强三优"现代公司战略目标，按照集约化、扁平化、专业化方向，变革组织架构，创新管理模式，优化业务流程，深化人财物集约化管理。以“三定”（定编、定员、定岗）、“三考”（考勤、考绩、考试）为抓手，以深入推进“六统一”①为主线，以激励约束机制建设为保障，强化人力资源需求预测和计划管理，规范各单位机构设置和定编定岗，建立以量化考核为重点的全员绩效管理体系，加强员工培训，提升综合素质，全面提高公司管理效率、经济效益和服务水平。

但目前与创建“两个一流”、建设“一强三优”现代公司的需要相比，绩效管理工作还存在许多薄弱环节。

1.5 公司班组管理

1.5.1 公司班组建设与管理

班组作为电力企业最基本、最基层的组织单元，各项生产、任务最终都要通过班组来实施完成，班组的生产工作搞得好与坏，直接影响着电力企业的经营效益、企业形象、行风建设及生存竞争力等诸多方面。

自 1986 年工业企业整顿后，国家经济委员会要求围绕企业升级使班组逐步由“单纯生产型”转变为“生产、管理结合型”。

1991 年，能源部、水利电力工会全国委员会又联合下发《电力企业班组建设规定》，明确采取定级晋升的模式来加强对班组的管理及其组织领导体制。

① 六统一：人力资源规划和计划统一，机构设置和人员编制统一，劳动用工制度统一，薪酬福利制度统一，绩效考核制度统一，人员培养和开发统一。

2009年以来，国务院国资委、国家电网公司进一步加大了班组建设工作力度，下达了一系列加强班组建设的指示和文件，国家电网公司更明确提出了《班组建设三十条重点要求》，要求从基础建设、安全建设、技能建设、创新建设、民主建设、思想建设、文化建设、班组长队伍建设八个方面加强班组建设。

国家电网公司基层供电班组准确把握"以人为本、民主管理、创新引领、和谐发展"的班组建设总体思路，推进标准化作业、规范化服务、信息化管理。

1.5.2 公司班组绩效管理

绩效管理是班组建设中的一个重要组成部分，同时也是班组建设中的难点之一。班组中存在的积极性不高、责任心不强、工作效率低下的问题一直是困扰班组建设的难题，因此，实施好班组绩效管理，成为班组建设、班组管理的一个关键的环节。

将公司的年度经营目标分解到各个部门(即部门年度业绩目标)，部门负责人又将部门业绩指标向每个岗位层层分解(即岗位的关键业绩指标)。通过以上制定科学合理的组织目标、部门目标和个人目标，结合绩效考核这一战略执行工具，实现员工个人目标与公司长远目标的有机统一。通过绩效管理"计划—执行—考核—反馈"四个阶段的循环执行，组织和个人的绩效就会得到全面提升，保证企业战略的实现，见图1-3。

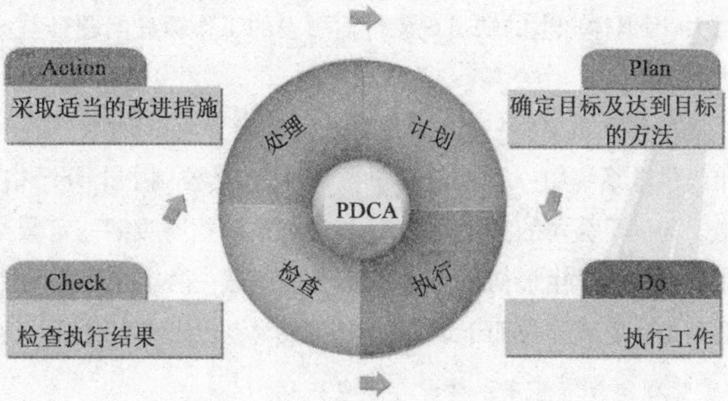

图1-3 PDCA循环执行

目前，班组管理缺乏较好的自主管理意识和科学规范的梳理，以致在班组中口头化、不成文的管理规定较为常见，直接或间接地影响了班组的民主管理、工作效率和安全生产。为进一步提升班组管理水平，提高一线生产员工技术水平，有必要建立科学合理的班组绩效管理体系，有效激励一线生产员工努力提高绩效，确保公司生产经营目标的实现。

1.5.2.1 班组绩效管理问题

(1)班组工作效率低下与部门日常工作量大现象并存

通过调研发现，大多班组人数都比较多，一般有10人以上，然而工作人员的数量多并没有提高工作的效率以及质量。各个班组均存在人员年龄结构老化现象。

比如，在公司营业部及电费部的队伍中，绝大多数工作人员系转岗而来，由于所从事的工种不同，学历结构偏低，运用新技术的能力较弱，难以适应国家电网公司现代公司治理制度的规范化操作要求。对业务系统操作不熟练，新进员工对工作有待进一步熟悉，这些都造成了工作效率不高。与此同时，还存在各个班组日常工作量大、日常工作耗时多等问题。

(2)班组退休人员多与新员工“留不下来”现象并存

各班组工作人员参加工作时间早，年龄结构老化，年轻工作人员占比偏少，35岁人员以上占总员工数的90%以上。近一两年来，退休人员越来越多，工作缺口逐渐增大，因退休产生的缺员现象进而引发的工作孤岛问题日益成为班组面临的一大顽疾。

一方面是退休人员多；另一方面是新进人员偏少，而且存在“留不下来”的现象。地市级供电系统中一直是超员单位，因而人员控制上十分严格，设置了较高的门槛。为满足公司的持续发展，每年通过校园招聘吸纳一定数量的应届大学毕业生。一些大学生最初被分到班组，在班组做一两年的短暂“停留”之后，大多通过竞聘走上管理岗位而于该班组流失，成为该班组难言之痛。

(3)日常管理粗放与规章制度健全现象并存

熟人社会追求的是“柔性管理为主、制度管理为辅”的模式，这种模式具有人性化管理的优点，然而也在很大程度上造成了企业规章制度执行不到位的现象，弱化了公司的规章制度，甚至使制度处于边缘地位，使诸如绩效管理日常考核等制度流于形式。另外，各班班长文化层次偏低，管理能力不强，也是管理粗放的一个缘由。有规不依、有章不循，对于一个强调责任和安全的企业而言，无疑具有较大的风险。

1.5.2.2　班组绩效管理框架

国家电网公司设立了公司总部、省级单位、各级单位管理部门、绩效经理人四级绩效管理组织机构。其中，部门主要负责人和一线班组长为所属员工的绩效经理人。绩效经理人负责与员工确定绩效目标、签订绩效合约、实施绩效评价、进行沟通反馈、制定改进工作计划等。

一线员工绩效考核，是指对地、市、县级单位（含公司直属单位所属二级单位）从事一线工作的班组长和员工的考核。其中，班组长与所在班组一并考核。

一线员工绩效考核可实行“工作积分制”，考核内容包括工作任务指标、劳动纪律指标两部分。

●工作任务指标(80 分)，依据员工在考核期内完成工作的数量和质量进行量化积分。依据工作任务类别、难易程度、技术含量等因素，将全部工作任务分成关键、重要、中等、一般和较轻五个等级，分别设立标准分值 10 分、8 分、6 分、4 分、2 分；按员工在同一个任务中担任的不同角色以及所付出劳动的不同情况，把员工分为负责人、主要操作人、次要操作人、辅助操作人四类，设立角色系数1.2、1.0、0.8、0.6。

●劳动纪律指标(20 分)，包括考勤、工作态度等内容。

比如四川省电力公司工作积分制的实践。

该公司生产、营销班组员工人数占企业总人数的 70%以上，有效地将绩效管理的理念和方法在班组中落实，对推动企业绩效管理工作具有重要意义。

一线员工“积分制”考核指标体系包括工作数量积分、工作质量积分、关键事件考核、员工行为考核、奖励加分指标五部分。其中，工作数量积分是将每项工作任务赋予定额分值，并设置工作角色系数、工作难度系数、工作时间系数，供各班组根据实际工作情况应用。工作质量积分是为确保一线员工严格执行安全生产、优质服务工作标准，对每项工作制定质量积分标准，如执行标准化作业不规范、工器具不按规定存放、生产记录出现错误等，未达标准直接扣分。关键事件考核是对安全生产、优质服务、党风廉政等明确扣分标准，严重的直接采取“一票否决”。员工行为考核是对劳动纪律、工作态度等进行考核。奖励加分是对员工获得技术比武获奖、完成额外工作、发现设备缺陷、发表稿件等事项进行加分奖励。

再如国网廊坊供电公司开展工区统一工作积分制实践。

该公司统一规范一线员工考核结果与薪酬分配的挂钩机制，改变按班组人员数、岗级数分配绩效工资的状况。输电运检室根据统一工作积分制实施细则的规定以及建立起的统一工作积分标准，选取 2013 年全年的班组工作记录单，模拟测算了一年内各月班组积分及班组员工积分，并按月进行奖金核算。

公司将紧密跟踪制度运行过程，根据其中暴露出的问题和不足，制定详细周密的解决措施及方案，分析测算薪酬分配问题。通过考核方案的不断优化与调整，总结提炼测定方法，进一步完善工作积分标准及实施细则，实现与绩效奖金更加科学合理的结合，并逐步加大薪酬挂钩力度，强化绩效结果的应用激励功能，形成统一规范的激励模型。持续应用推广试点建设成果，长期开展统一工作积分制考核。

1.5.2.3　班组绩效考核流程

(1)工作积分标准分的确定

工作积分标准分值原则上由班组全体成员讨论提出，所在单位综合平衡确定，并应根据具体情况定期修订。

(2)签订绩效合约

一线单位负责人与班组长签订绩效合约，班组长与班员签订绩效合约。

(3)建立工作积分看板制度

班组长或相关责任人应根据工作积分标准做好日常记录，并按月汇总，在全班进行公示。

(4)实行绩效沟通制度

各班组长应根据员工工作积分情况，采取定期与不定期相结合的方式与班员进行绩效沟通，分析绩效偏差，提出改进计划，并督导执行。

(5)绩效过程

各级单位按月将绩效指标完成情况进行分析排序，并相应在单位、部门、班组公布。各级单位绩效办公室按季总结本单位绩效指标完成情况，分析存在的问题，提出改进建议，并形成分析报告。一线班组按月将工作积分累计情况在班组进行公布。绩效考核得分如表 1-1 所示(以某运维站为例)。

表 1-1　××运维站一线人员绩效得分统计

操作	姓名	岗位名称	工种	工作积分	工作考核得分	综合评价分	月度绩效得分	绩效系数	组名	最高积分	最低积分
1		新员工	长期职工	0	60		48	0.48		800	0
2		变电运维工	长期职工	100	65	17	69	0.69		800	0

续表

操作	姓名	岗位名称	工种	工作积分	工作考核得分	综合评价分	月度绩效得分	绩效系数	组名	最高积分	最低积分
3		副站长	长期职工	750	97.5	18	96	0.96		800	0
4		副值班长	长期职工	555.6	87.78	20	90.22	0.902		800	0
5		副站长	长期职工	680	94	20	95.2	0.952		800	0
6		技术员	长期职工	760.8	98.04	20	98.43	0.984		800	0
7		正值班长	长期职工	800	100	20	100	1		800	0
8		副值班长	长期职工	404	80.2	20	84.16	0.842		800	0
9		副值班长	长期职工	556	87.8	20	90.24	0.902		800	0
10		变电运维工	长期职工	446	82.3	15	80.84	0.808		800	0
11		变电运维工	长期职工	214	70.7	18	74.56	0.746		800	0

说明:该统计是考核结果生成之前根据用户组织关系查询的临时统计结果(非考核结果)。如需查询考核结果,请选择主功能区的“一线人员考核结果”模块。工作考核得分=(工作积分权重+

(1－工作积分权重)×(工作积分－最低积分)/(最高积分－最低积分)×100；月度绩效得分＝工作考核得分×80%＋综合评价分；绩效系数＝月度绩效得分/100。

1.5.2.4 班组绩效考核结果应用

(1)实行考核结果分级

管理机关和一线员工年度绩效考核结果，按得分顺序划分为A、B、C、D四个等级。原则上，A级占比25%，B级40%，C级30%，D级5%以内。对部门(班组)年度考核结果为A级的，可适当提高其所属员工A级占比。

(2)等级积分制度

员工按照年度绩效等级进行累计积分，A级计2分，B级计1.5分，C级计1分，D级计0.5分。员工违反国家法律法规和公司规定，发生特别重大安全与质量责任事故、特别重大违纪案件等，各单位根据有关规定进行专项考核，当年绩效等级积分计0分。

(3)待遇挂钩

管理机关和一线员工绩效考核结果与其绩效薪金挂钩。管理机关的绩效薪金采取月度考核、季度预发、年终考核总兑现方式。一线员工的绩效薪金采取月度考核预兑现(依据员工月度工作积分计发)、年度考核总兑现的方式。

(4)考核结果的其他应用

员工绩效考核结果和累计绩效等级积分与人才选拔、升迁竞聘、评优评先、职称评定、技能鉴定、教育培训等挂钩。

1.5.2.5 完善绩效管理基础工作

完成岗位工作标准和岗位工作责任制。各单位根据公司"三集五大"建设要求，按照公司批复的"三定"[①]方案，2012年底前已经全面完成岗位工作标准和岗位工作责任制。

建立健全绩效管理相关规章制度。各省级单位应根据本办法要求，结

---

① "三定"：即定员、定编、定岗。

合本单位实际情况，制定本单位全员绩效管理实施细则。各省级单位实施细则报公司总部备案。

全面建立绩效考核信息档案。完善员工个人绩效档案，如实记录保存所属单位企业负责人、管理机关、一线员工的绩效合约、指标完成情况、绩效改进情况和考核评价结果等资料。

1.5.2.6 公司绩效管理的常见误区

绩效管理是一项系统工程，涉及绩效管理的计划阶段、考核（评估）阶段、结果应用阶段等环节。科学的设计固然必不可少，但以人为本的绩效管理设计更显重要。员工是班组绩效实现的主体，发挥员工的积极主动与能动性、针对员工的需求设计有针对性的绩效辅导，更应该是绩效管理考虑的重点。在绩效管理中常存在以下误区：

（1）将绩效管理等同于绩效考核

在绩效管理体系建设时过度重视了绩效管理的考核形式，片面强调了绩效考核，忽略了绩效评估是一个循环工程，缺少对各项基础管理制度的创新建设和持续改进，对绩效评估流程中的沟通、反馈及改进等重要环节没有充分的认识，缺少相关制度支撑。

目前，很多员工认为绩效管理就是绩效考核，过于注重考核结果的获得，这就忽略了绩效沟通，忽略了过程的管理和控制。缺乏沟通和共识的绩效管理就会在经理和员工之间设置障碍，阻碍绩效管理的良性循环，造成员工和经理之间认识上的分歧。

具体表现为在员工绩效考核实施过程中，仅仅是把考核结果通报给员工本人，而没有进行有效的沟通，没有帮助员工分析绩效不佳的原因，这样的考核对绩效不佳的员工不可能产生正面的激励效应，因为员工不清楚自己绩效差的真正原因，针对绩效的改进也就无从下手，从而绩效考核也就没有起到其应有的激励和改进作用。所以必须在绩效管理流程中突出沟通的作用，使绩效沟通真正起到统一认识、提高绩效的作用。

（2）绩效管理结果应用范围小

在绩效管理结果的应用上，某些供电公司实施范围较小，在调岗、晋级、提拔、薪酬、评先树优等方面，均没有明确制度相配套，缺乏说服力，未达到激励目的。目前许多地市公司员工薪酬仍旧是按岗级进行发放，即只要岗位一样，无论干多干少、干与不干，员工的薪酬待遇完全一样，这一薪酬发放制度完全游离于绩效管理体系之外。吃惯了大锅饭的这些员工对绩效管理的实质和重点不能完全理解，也就不能上升到现代企业人力资源管理的高度去认识，觉得自己是被监视、被责备的对象，不受尊重，没有安全感。相当多的员工认为考核就是领导有意"找茬"。当考核得分差距拉大时，心理不平衡、有情绪，产生恐惧感和抵触情绪。

(3)相关基础管理制度不完善

绩效管理是现代人力资源管理的核心内容，绩效管理与其他基础管理制度之间是互相促进、互为补充、缺一不可的关系。若要绩效管理体系充分发挥其效能，就离不开诸如工资奖金制度、岗位体系、晋升制度等基础管理体系的密切配合作支撑。

公司的基层班组在实施绩效管理时，对于这些制度方面的建设比较薄弱，或者是与绩效管理体系脱节严重，既没有分解企业战略指标，也没有完善基础管理环节的建设，而是一味地为绩效考核而考核，以至于绩效管理没有目标、绩效考核没有方向。另外，由于目前大多数县级供电企业自主条件所限，虽然公司将绩效考核结果作为员工薪酬的重要依据，但是在实际过程中缺乏可操作性，确实难以充分发挥绩效管理的激励与鞭策作用。

1.6 小结

本部分就国家电网公司发展概况及目前的班组管理情况进行了概述。班组绩效管理是班组管理中的一个重要构面，也是公司绩效管理的基础。而目前班组绩效管理与创建"两个一流"、建设"一强三优"现代公司的需要相比，还存在许多薄弱环节。班组绩效管理由于缺乏较好的科学管理意识和科学规范的梳理，直接或间接地影响了班组的民主管理、工作效率和安全生产等诸多方面。建立科学合理的班组绩效管理体系，有效地激励一线员工努力提高绩效，有利于提升班组管理水平，提高一线员工技术水平，确保公司经营目标的实现。

第2部分 透古通今:高绩效班组系统理论研究

有想法的人就是英雄。我主要的工作就是去发掘出一些很棒的想法,扩张它们,并且以光速般的迅捷将它们扩展到企业的每个角落。我坚信自己的工作是一手拿着水罐,一手带着肥料,让所有的地方变得枝繁叶茂。

——韦尔奇

班组建设与管理过程中,一个高绩效的班组有哪些特征?重点涉及哪些举措?国内外高绩效系统目前的研究如何?这是本部分要解决的重点。

本部分首先结合公司班组绩效实践提出了目前的问题,继而研究和汇总了高绩效系统的内涵、构面以及作用机理,试图为构建公司班组高绩效结构提供理论依据。

2.1 班组绩效管理一角

2.1.1 班组绩效管理案例

张某是某公司的仓库主管,公司引入ERP系统后,张某将ERP数据录入的工作交给了自己的文员。为了衡量数据输入工作的绩效,张某在文员的绩效考核中增加了ERP数据录入准确率≥98%和ERP数据录入及时率

≥95%[①]两项指标。可是到月末考评的时候，张某犯愁了，文员每天往ERP录入的数据有几百条，一个月下来是上万条，数据统计与核对工作让他无从下手，该项工作的绩效也就无法客观评价。

在该月的绩效总结会议上，张某向人力资源部提出了自己的问题。在人力资源部的协助下，张某调整了该项工作的绩效考核思路。两项指标更改为抽查ERP数据录入准确率≥98%和抽查ERP数据录入及时率≥95%。这样，张某每周会不定期抽查一次ERP数据的录入情况，每次抽查入库单10份、出库单10份，同时规定接口部门对数据录入的有效投诉也按不及时或不准确计算，检查结果和投诉记录都会记在绩效记录表上。这样每周张某只需要花半个小时的时间检查一下其文员的工作，月末考核时只需要几分钟的统计就可以计算出结果。更重要的是，通过抽查张某可以及时发现问题，帮助、辅导其文员工作，使得文员的工作能力也得到很快的提升，并且随着文员工作的熟练，她能够承担更多的工作任务，进一步减轻了张某的工作负担，而不会再让文员觉得对自己的考核像是张某给她秋后算账。

2.1.2 班组绩效管理案例分析

从领导层到中层干部、班组长直至一般员工对绩效管理应该树立正确的绩效认识，认识不到其最终结果是实现公司、员工双赢，就会产生较大的阻力。

彼得·德鲁克(Peter Drucker)在其《管理实践》中最先提出"绩效目标管理"。有了目标才能确定每个人的工作，管理者应该通过目标对下级进行管理。当组织最高层管理者确定了组织目标后，必须对其进行有效分解，将其转变成各个部门以及各个人的分目标，管理者根据分目标的完成情况对下级进行考核、评价和奖惩。

目标管理是一种参与的、民主的、自我控制的管理制度，也是一种把个人需求与组织目标结合起来的管理制度。在这一制度下，上级与下级的关系是平等、尊重、依赖、支持的关系，下级在承诺目标和被授权之后是自觉、

① 要求：每收到入库、出库单后，20分钟内将信息录入ERP系统。

自主和自治的。因此,公司班组绩效的目标指标和标准的设定应该进行深入的研究和讨论,尤其要考虑到员工的发展意愿,与员工进行充分的沟通。

工作成果是评定目标完成程度的标准,也是绩效考核和奖评的依据,成为评价管理工作绩效的唯一标志。因此,绩效考核应更多地关注员工的表现,通过绩效反馈与绩效辅导,将员工成长与绩效表现结合起来。

2.1.3 班组绩效管理案例思考

第一,考核的目的应该结合工作的发展和员工今后的发展。

第二,考核应该考虑到可实施性和公平与公正性。考核指标和标准的选择需要具备适宜性与合理性。

第三,应该及时进行绩效沟通与绩效辅导,实现工作和员工的共同发展。

2.2 高绩效工作系统研究

20 世纪 80 年代以来,关于高绩效工作系统的研究逐渐深入,高绩效工作系统及最佳人力资源管理实践的研究成为绩效管理研究领域的热点。诸多专家认为,高绩效工作系统是将人力资源、组织结构、信息技术三者进行最佳组合,促使组织的资源与优势得到充分运用的系统。

2.2.1 高绩效工作系统内涵

自高绩效工作系统被 Delery (1998)等学者提出,高绩效工作系统的研究无论从理论层面还是实践层面,都受到企业界的诸多关注。本书在梳理高绩效工作系统基础上,探究作为一个公司的班组的绩效工作系统的重要理论与实践。

Nadler、Gerstein 和 Shaw(1992)认为,高绩效工作系统是一种能充分配置组织的各种资源,有效地满足市场和顾客需求,并实现高绩效的组织系统。

Jon R. Katzenbach 和 Douglass K. Smith(1993) 指出,高绩效工作系统的成员之间具有互补技能,并致力于共同的宗旨和业绩目标。高绩效团队是组织内员工赋权的基本单位，其力量远远大于个人能力之和，同时具有自我导向、跨部门的特点。

Pfeffer (1994)认为，高绩效工作系统是采用一系列有助于企业经营绩效提高的最佳人力资源管理实践。

Edwards 和 Wright (2001)认为，高绩效工作系统蕴含的理论假设是：组织善待自己的成员，员工会改进工作态度，并不断增加满意度和承就感；这种态度会不断影响到行为，反过来就能促进组织绩效的改善。

Way(2002)对高绩效工作系统所作的定义表明，企业的高绩效工作系统是用于发展、保留与激励企业员工队伍的一系列不同但又彼此相关的人力资源管理实践，这些实践使企业员工具备优秀的能力，并且也使得他们愿意把自己的能力运用于与工作相关的能够实现企业优秀绩效与持续竞争优势的活动中。

Datta、Guthrie 和 Wright (2005)认为，高绩效工作系统这一概念指的是用于提升员工技能、承诺及生产率，从而使其成为企业持续竞争优势来源的一系列人力资源实践。

Ramsay 等(2000)提出高绩效工作系统可以分为高承诺管理、高参与管理和劳动过程三种模式。高承诺管理强调通过给予员工情感承诺和规范承诺，从而减少旷工和控制监督成本。高参与管理强调员工授权、信息共享、培训、申诉程序、平等、绩效薪酬与利润共享，从而增强员工自主工作的动机，为员工提供参与管理的机会。劳动过程理论认为高绩效工作系统导致员工工作的加重与压力的增大，是员工生产最大化的另一种方式，这是提高绩效的关键。

综合上述学者的研究，本研究将高绩效工作系统定义为：高绩效工作系统是一系列经过系统组合的管理实践活动，提高员工的能力、动机和参与机会，有效提高组织绩效。

2.2.2 高绩效工作系统内容

由于高绩效工作系统涉及的内容多，不同学者的测量指标不同，所以对其也有不同的理解。

2.2.2.1 国外的研究成果

Huselid(1995)研究发现,高绩效工作系统是包括组织基本结构和员工激励的二维结构,其中组织基本结构维度中有职位晋升、参与授权、培养发展、利润分配、测试选拔、信息共享和工作调查等内容,员工激励维度的内容则包括绩效薪酬体系和业绩评估等。

Delaney 和 Huselid(1996)提出了培训、甄选型配置、激励性薪酬、申诉程序、内部晋升、雇佣安全、分散化决策、垂直管理的实践指标。

Ichniowski(1997)等提出了严格甄选、激励性薪酬、利润分享、高度参与、正式团队、员工培训、雇佣安全、工作轮换、信息分享以及员工参与会议、工会和申诉程序的实践指标。

Combs(2006)等则侧重于高绩效工作实践的分析,对以往 92 项工作进行了研究,并作为管理项目总结了 22 项作为高绩效工作系统成分。把高绩效工作实践作为一个系统来研究的,在 92 项研究中共有 39 个。在这些研究中高绩效工作实践包括激励性薪酬、培训和招聘选拔在内的 13 项研究得较多,高绩效工作系统的每项研究中所包含的项目平均为 5~6.5个。

根据 Comb 等(2006)的研究,在有关高绩效工作系统的影响因素分析中,涉及绩效激励研究 69 次、甄选 15 次、培训 29 次、员工授权与参与 34 次、信息共享与沟通 15 次。绩效激励包括激励薪酬(31 次)、薪酬等级(18 次)、内部晋升(12 次)、绩效评估(8 次)。员工授权与参与包括员工参与(18 次)、柔性工作制(8 次)、团队(8 次)。信息共享与沟通包括申诉程序(8 次)、信息共享(7 次)。

Bailey 和 Merritt(1992)在以往学者研究的基础上对高绩效工作系统的内容进行了归纳,他们认为高绩效工作系统由员工能力、员工激励和员工参与决策的机会三部分组成。

Noe(2004)对比进行了深入研究。他认为,高绩效工作系统包含组织结构、人员甄选、培训和发展、任务设计、信息系统和报酬系统五个子系统。组织结构是指组织中分工、合作和人员之间相互联系的模式,具体包括组织的管理幅度、层级等,组织结构在高绩效工作系统中理当支持合作、学习以及持续改进。在高绩效工作系统中,任务设计是指组织中对职位的具体描述，经过清晰的任务设计就能使组织中的岗位职责富有效率。人员是高绩效工作系统的核心资源，通过甄选、培训和发展，它用于促使个体和任务及组织结构相匹配。报酬系统促进个体朝着组织激励的目标努力，提高企业整体绩效。报酬系统中包含激励性薪酬体系、绩效管理体系以及与绩效相关的所有激励措施。信息系统主要指信息沟通，包括信息获取的方式以及权限等设计。这五个子系统形成一个整体，它为企业创造人力资源优势，达到高绩效提供了重要支持。

Appelbaum(2000)提出了高绩效工作系统“AOM”模型。员工能力、动机和参与机会是构成组织结构的核心要素。不管什么样的组织若要提高绩效就必须对这三个要素进行改善。

2.2.2.2 国内的研究成果

张一驰等(2004)采用探索性因子分析研究中国背景下的高绩效工作系统的构成因素，并验证了国外同类型研究高绩效工作系统强调员工参与的一系列措施，得出两个结论：一是高绩效工作系统主要包括人力资源的基础管理、员工参与、程序公平和人力资源管理重点这四个因子。这四个因子表明高绩效工作系统是通过强调员工参与达到高绩效的，有利于提高员工能力、激励员工的人力资源实践，是企业获得竞争优势的基础。二是高绩效工作系统是由所归纳的几个人力资源方面组成的，而不是很多单独的人力资源管理实践。

蒋春燕和赵曙明(2005)采用相关分析法得出，人力资源高绩效工作实践的内容是人力资源计划、培训、内部晋升、员工参与、基于绩效的薪酬。

刘善仕和符洁莹(2006)研究得出中国企业有如下特征：内部晋升和外部招聘被结合使用；选拔式招聘被广泛采用；员工培训被较少重视；本位绩效薪酬非常有效；管理级别的差距并非带来负面影响；人力资源实践与组织绩效的相关性不大；自主管理团队并非很有效，员工参与得不到验证；业务人员的组织绩效与人力资源实践比较相关；中国企业的人力资源管理更多地被看成了成本中心。

苏中兴(2007)从实践的角度来看，中国目前处于经济社会转型期，由于管理情境的特殊性，高参与、高承诺的工作实践并不能给中国企业带来高绩效。例如中国企业实行严格的劳动纪律管理督促员工认真地完成本职工作，而西方的研究则认为应该强调提高员工的自我管理以提高员工角色内行为。

2.3 高绩效工作系统作用机制

高绩效工作系统的作用机制具体指通过什么中介、如何发挥作用、如何体现高绩效工作系统对企业绩效的影响过程。

Noe 等(2004)认为，对于高绩效工作系统作用机制，组织通过有效的任务设计创造有意义的职位和工作，从而造就满意的员工，员工满意形成带来较低的缺勤率和离职率，不仅降低了企业的成本，而且带来更高的利润，也会促使顾客满意度提高。此外，利用知识共享的信息系统实现组织成员相互学习和员工能力的全面提升，而知识共享有利于组织创新、提高生产能力，帮助企业获得高质量的产品和服务，进一步提高了顾客的满意度，从而带来销售的增长、成本的降低，使企业获得更高的利润。

Combs(2006)分析了过去 92 项人力资源高绩效工作系统研究后，认为在相关研究中，雇员的知识、技术和能力，授权，工作动机以及组织结构的改善要采用中介变量。人力资源高绩效工作系统通过选拔培训，提高了员工的能力、知识技术，同时以有效的组织分权机制给员工提供参与管理、自主工作的机会，可用合理的激励机制激发员工提高知识、技能，积极主动地参与工作。高绩效工作系统可以通过提高组织学习、营造努力工作的氛围等，以帮助组织提高整体绩效而达到改善组织结构的目的。

2.4 小结

本部分首先通过班组绩效管理一角——班组绩效管理案例，透视公司目前班组绩效管理存在的问题。通过国内外高绩效工作系统的内涵、构成要素以及作用机理的研究和分析，试图为公司班组高绩效的构面提供理论依据。

目前研究文献表明，高绩效系统的内涵、内容能够与作用机理存在不统一的研究结果。公司的高绩效班组的实现是否使用现有的研究，是否具有特殊性，都还需要结合公司实际进行研讨。

第3部分　三省吾身:公司高绩效班组工作系统实践分析

不积跬步,无以至千里;不积小流,无以成江海。

骐骥一跃,不能十步;驽马十驾,功在不舍。

锲而舍之,朽木不折;锲而不舍,金石可镂。

——荀子《劝学》

公司班组高绩效系统应该包含哪些要素?国内外高绩效系统的理论是否适用?这是本部分要解决的重点。

本部分首先结合公司班组建设实践,挑选出班组建设实践中优秀班组的管理实践进行分析,继而结合班组高绩效的理论,试图构建公司班组高绩效结构。

3.1　高绩效班组参考对象的选择

3.1.1　参考对象选择依据

2010年,为贯彻落实国资委和公司党组关于加强班组建设的决策部署,进一步统一和规范公司班组建设工作要求,全面提升班组建设工作水平,充分发挥班组在建设"一强三优"现代公司中的重要作用,公司特颁布实施了《国家电网公司班组建设管理标准》(简称《管理标准》),这也是公司成立以来颁发的第一个有关班组建设管理标准。

《管理标准》旨在贯彻公司的"四化"建设的工作要求，落实国资委的《班组建设三十条重点要求》《关于加强中央企业班组建设的指导意见》(以下简称《指导意见》)，统一和规范全公司班组建设。

加强班组建设是事关公司科学发展的全局性、基础性、根本性工作，是一项长期的战略性任务。加强班组建设对强化公司管理、增强凝聚力和执行力、提升企业核心竞争力具有重要意义。公司将依据《国家电网公司班组建设评分表》(以下简称《评分表》)，每年评选100个"国家电网公司先进班组"，授予"国家电网公司工人先锋号"荣誉称号；力争每年有20%的班组成为"国家电网公司达标班组"，到2015年年底实现公司95%的班组达标。

3.1.2 班组绩效管理最佳实践

3.1.2.1 四川省电力公司某供电公司检修分公司变电运维班组绩效管理实践

四川省电力公司检修分公司变电运维班工作简单、枯燥，但这又是电网设备安全运行的根基。

日复一日、年复一年，每天和冰冷的设备打交道，重复地从事操作、设备巡视、维护等工作。检修分公司变电运维班平均年龄已经41岁，却没一个叫苦喊累，在变电运维这个平凡的岗位上切实履行了“在岗一分钟，安全六十秒”。

(1)当“严”字长期贯穿在每个环节，安全便成为习惯

安全生产的重要环节是过程把控，为了保证操作和检修工作安全，检修分公司变电运维班秉承的就是“严字当头”的工作警训。严格执行“两票”(即工作票和操作票)，严格执行安全操作规范，严格执行规章制度，“严”字贯穿了检修分公司变电运维的整个工作流程。

培养规范、标准的操作行为是变电运维班新进人员的必修课。刚参加工作的小李在一次操作过程中，没有严格执行倒闸操作复诵，被一同操作的值班长周森波严厉批评，当时还有点小情绪的他，在参加班组周安全活动、观看事故案例视频、听取值班员分析讨论后，渐渐明白了规范操作的重要性。

严格审查工作票，确保每一张工作票正确办理是变电运维班每一名正值必备本领。“110千伏平大Ⅱ回线路PT不在本次停电工作范围内，请核对2号主变中性点为检修设备，应在四周装设遮拦。”运维班个个都练就了一双“火眼金睛”，不放过工作票上任何一个细小的错误。

(2)无处不细的跟踪辅导,让班组高效而有序

在保护装置检修过程中,因工作需要检修人员往往会临时改变保护压板的投退位置。检修工作结束后,保护压板与检修前投退位置常常会不一致。运维人员稍有疏忽就会造成保护压板误投、漏投,是一个较大的安全隐患。

细心的班长发现了这个问题,立即组织班员,集思广益,绘制了每个变电站的“二次设备标准运行工况图”,用红黄两种颜色标注保护压板,测控开关投退位置,在检修工作前与工作后用“标准运行工况图”进行二次设备状态检查,有效地避免了保护压板测控开关误投、漏投的安全隐患。

只要涉及停电大修,变电运维班都要预先熟悉不同的检修现场,编制《倒闸操作组织设计书》,明确主要环节时间节点和配合流程,做到人人心中有数,有效控制操作、安检布控时间,保障设备检修期间人身、电网和设备安全。

3.1.2.2　国家电网公司莱芜公司班组绩效管理实践

2015 年 5 月 18 日,莱芜供电公司装表接电班对莱芜鑫康食品有限公司进行送电,完成送电后,班组长从车上推出一台酷似消毒柜的仪器接到了客户箱变负荷端。

“这是干什么用的啊?”客户负责人好奇地问道。

“这是我们自己发明的便携式计量专用负荷仪,这台设备可以提供一个

纯阻性负荷，保证现场表记校验的准确性。”

便携式计量专用负荷仪是水滴创新工作室的成果，也是莱芜供电公司第一个发明专利，现已在业扩送电工作中全面普及，大大降低了劳动强度，缩短了送电时间。独创性强、实用性强、普及性高，似乎已经成为了水滴创新工作室的一块“金字招牌”。

为将创新工作室打造为职工成长的“大课堂”、技术创新的“孵化器”、成果转化的“中转站”，水滴创新工作室建立了“四微”讲堂，提倡从微视角、微讨论、微成效、微专家4个着力点实现技能的传承，人人参与、人人备课、人人授课，促进员工的成长成才。为更好地发挥专业人才的示范作用，创新工作室确立了拥有2项发明专利、8项实用新型专利的班长任杰为带头人，带领大家“比、学、赶、超”，使创新工作有灵性、有内涵。

3.1.2.3 国家电网山东省电力公司莱芜公司班组绩效管理实践

作为一线生产班组，工作中难免遇到来自各方面的困扰和制约。如何破除这种困扰？创新不怕小，最重要的是实用。哪里不方便，哪里就会有创新点。哪里有难题，就引导员工从哪里着手。

莱芜供电公司所辖220千伏棋山站、长勺站等室外变电站母线的检修任务及涂刷RTV的工作量逐年增加，在母线上工作时缺乏安全带悬挂点的难题一直困扰着车间负责人和现场作业人员。为了方便起见，工作人员常把安全带悬挂在支柱绝缘子、母线槽钢钢梁上，显然，这是《安全规定》不允许的。为了解决这一问题，变电检修室掀起了一场安全精益检修的“头脑风暴”。通过一系列研讨，他们自主研发出了高压母线安全带悬挂支架。

“创新只有两个目的：一是为了‘省事’，二是为了‘省钱’，其核心是‘实用’。”基于这种想法，莱芜供电公司变电检修室有自己独到的做法。“安全检查专业巡视卡”“作业现场爱心提示卡”“隔离开关防雨罩”“母线瓷瓶检修支架”等多项实用新型技术，为变电检修精益化管理提供了实实在在的帮助。

“班组强则企业强。”只有让员工发展有目标、施展有平台、成长有通道，员工才能扎根基层、安心工作，企业发展、效益才有可靠保障。

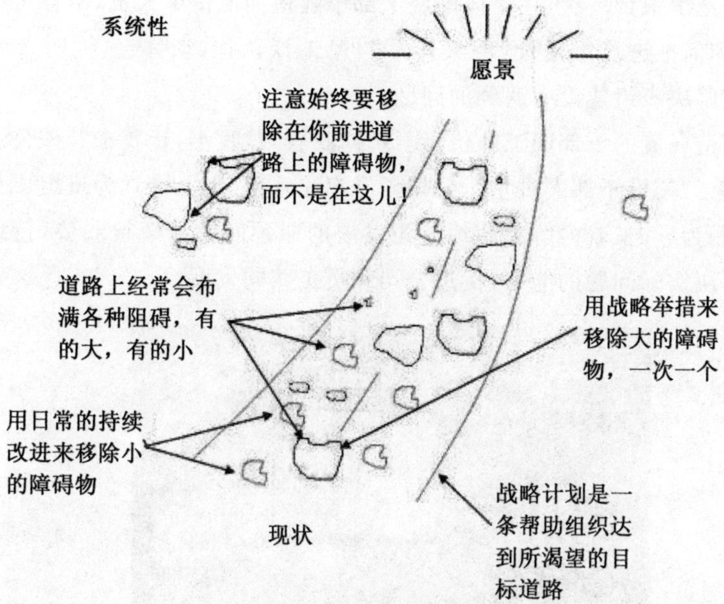

图 3-2 实现公司愿景的系统观

3.1.2.4 国家电网山东省电力公司东营公司班组绩效管理实践

东营公司围绕“重基础、补短板、标准化”和“强基础、重实效、专业化”的工作目标，创新“大讲堂”活动载体，大力实施“班组大讲堂”“专家大讲堂”“中层干部大讲堂”“领导干部大讲堂”四部曲培训模式，注重创新创效，提升队伍素质，实现班组建设水平新提升。

为充分调动班组成员的学习热情，提高员工的业务技能和创新能力，东营公司推出“班组大讲堂”，班组成员人人上讲台、个个当专家，结合近期工作计划和员工技能短板集思广益、“对症下药”，实现了员工的综合能力锻炼，在全公司范围内形成了一股“学理念、拓思路、重参与”的班组建设热潮。

为提高培训专业性，拓宽人才培养平台，该公司积极打造“专家大讲堂”，将专家请到班组来，对班组成员进行专业技术培训，面对面交流，一对一指导。

为加强“一把手”对班组建设重要性的认识，该公司举办“中层干部大讲堂”，每月至少举行一次，在全体中层干部中随机抽取讲课人员，结合工作实际，围绕如何推进班组建设“四大体系”①落地谈认识、谈体会，同时及时掌握并研究解决班组建设中遇到的问题。

为打造一流的干部职工队伍，践行“向我看，跟我干，让我来”，该公司还组织开展了“领导干部大讲堂”，公司领导率先垂范，走上讲堂为班组成员讲课，以问题为导向，着力解决制约公司发展的瓶颈问题和短板弱势，持续提升全员解决实际问题的能力，促进公司和员工共同发展。

3.1.2.5　国家电网山东省电力公司郯城公司班组绩效管理实践

作为班组长，又是班组内唯一的男同志，傅某觉得应该事事为先，一些“烫手”的技术性工作都是由他来接手，而让其他的人做一些相对容易的工作。长久以来，感觉班组的运转一直不顺畅，管理的重担始终压在心头。

当班组长把困难的工作全都做了，看似是好事，其实有很多的弊端：一是导致班组人员能力水平差距拉大，会的更会，不会的再也不会；二是减少班组人员工作的参与度，降低了班组凝聚力和战斗力；三是阻碍了班组人员

① “四大体系”：指责任体系、标准体系、对标体系、考评体系。

的能力提升和事业发展。傅班长创新管理理念，重新进行角色认知和角色定位，鼓励和号召大家一起来分担班组事务。他重新确定了班组工作分工，让每一名员工身上都有指标、有压力，充分调动起大家工作的积极性；把班组里表现优秀的老员工树为榜样，号召全体班员来学习，在班组内形成“比、学、赶、超”的良好氛围；利用外出培训时机，把班组事务的职责交给班组其他人员，让她们尝试着去管理班组，去应对日常工作，使她们从置身事外转变为参与其中，增强她们的参与感和使命感。

经过一段时间的实践，班组工作风貌大为改观，人员业务水平明显提升，班组的“战斗力”得到了有效增强。

3.1.2.6 国家电网山东省电力公司泰安公司班组绩效管理实践

短板是如何变长的？“由于110千伏变电站110千伏进线一般不设置线路保护，只依靠110千伏备投装置来实现线路故障的隔离……”

2015年春检伊始，公司“微课堂”内容被清清楚楚地列在了春检计划当中。每个班组需要挑选精兵强将制定培训课题，确保班组学员学有所得。

第一步：包保帮扶——强弱“结对子”，实现“同创效”

为强化对班组建设管理，泰安公司深入推行“一线工作法”，建立“领导班子包保、专业部室指导、班组结对帮扶”机制，实行班组建设办公室工作会商制度，以包保帮扶为引导，推进责任有效落地。

公司坚持领导班子成员定点联系班组，定期深入基层，倾听一线心声，主动协调解决基层反映的问题，积极为班组工作松绑减负。强化部门、专业科室的分类指导和管控深度，协助基层班组提高核心业务管理和技术水平。实行班组帮扶互助机制，往届标杆班组结对评价落后班组，介绍先进经验，协助解决问题，通过强弱班组结对子，强帮弱，弱学强，实现针对性提升。

第二步：班组减负——合理“加减法”，增加“心动力”

为深入推进班组建设“四大体系”落地，督导检查、诊断整改各单位班组建设存在的突出问题，公司班组建设办公室组织相关专业专工组成专家会诊团，对公司班组进行“大会诊”。重点在管理负担上作减法，提高工作效率；在科技和硬件投入上作加法，降低劳动强度，为班组提供和谐温馨的工作环境。减负的目的是为了增效，应该正确处理减轻负担与提升业务、关爱员工与严格管理两个关系，不该班组做的坚决减掉，该班组做的一定做好。公司通过层层分解任务，落实责任部门和责任人，减少“数、表、账”，严控“考、评、比”，精简“文、会、训”。

公司以科学管理为标准，真正实现减负增效。组织班组建设“四大体系”，“三学一讲”①全员培训，深入开展“三赛三提升”活动，成立专家讲师团上门送知识，答疑释惑，做到全员熟悉掌握。强化班组工作计划的刚性管理，班组台账记录已实现电子化填报，从严控制下发到班组的文件和班组参加的会议，严格执行培训计划，优化竞赛集训组织，简化班组迎检方式，让班组有更多人力投入现场工作，有更多精力思考解决问题，有更多时间学习提升素质。

---

① “三学一讲”：“三学”，一是“自学”。班组各岗位人员立足本职，认真学习各类规程制度，明确岗位工作流程、内容，做到自主学习现场新设备、新技术相关理论知识，全面掌握现场操作新知识。二是“互学”。班组内部“一对一”结对，强化新岗位、新设备、新业务等知识的学习和相互交流。在班前会、开工会、收工会上进行互动式问答，进一步加强理论知识的学习，共同提升操作技能。三是“促学”。结合培训计划，以考试和考核为抓手，每月进行阶段性测验并将成绩纳入班组绩效，以检验学习质量，激发学习热情，提升培训效果。“一讲”是指“面授”。班组长是班组培训的第一专责人，结合班组每位成员岗位技能薄弱点，并结合月度停电工作，制定常规、现场和新设备专题培训计划，班组里的业务骨干作为兼职教师按照计划组织专题培训，进行面对面的讲解并现场答疑解惑。

第三步：取长补短——紧抓“牛鼻子”，培养“领头雁”

2014年，公司实施“育才强企”素质提升活动。公司抓住班组建设这个“牛鼻子”，以素质提升为基础，积极推动“金种子”成才计划，开设“固定课堂”“移动课堂”“互动课堂”“测评课堂”和“班组大讲堂”，注重“短、实、小”培训。注重人才扎根基层，对新入职员工开展职业生涯规划和跟踪培养，畅通四级四类人才职业发展通道。全面落实新进员工“4、7、10”一线工作年限要求，从政策、薪酬、资源调配上向基层一线倾斜，引导员工扎根基层。良好的人才“土壤”，激励员工奋进向上。

3.2 高绩效班组结构构成

高绩效工作系统是采用一系列有助于企业经营绩效提高的最佳人力资源管理实践。

Delery和Doty (1996)认为，高绩效工作系统既包括全面培训、员工参与、内部晋升、员工安全和利润分享等承诺性导向的实践，也包括了绩效考核、工作分析等控制性导向的实践。其中：

①全面培训，指组织为员工提供大量培训而使员工获得更高的技能。

②员工参与，包括参与管理决策和正式的抱怨系统。

③内部晋升，指从内部选拔员工，实现员工晋升。

④员工安全，组织对员工的长期承诺。

⑤利润分享，指组织让员工分享组织利润。

⑥绩效考核，指以结果为导向，关注为组织带来高绩效的员工行为的结果。

⑦工作分析，指工作岗位职责被清晰地描述。

结合学者的研究，参照公司先进班组的绩效管理实践，进行公司高绩效班组结构构成分析。

3.2.1 高绩效班组结构访谈验证

Zikmund(1994)认为，由经验调查、次级资料分析、个案研究以及先驱研究等四种主要的方法可获得探索性研究结论。深度访谈法问题结构性低，且访谈者询问许多问题，并针对受访者的某些问题作进一步的询问。当研究的主题较复杂时，才需以非结构化的方式来探询受访者反应。在成本和受访者配合意愿限制下，深度访谈往往只能产生较少的样本数。

3.2.1.1 深度访谈对象选择

筛选原则可归纳为三点：客观性、有效性和完整性。

本研究主要探讨高绩效班组结构，因此尽可能选取公司表彰的先进班组，同时兼顾资料的可取性。研究对象除客观性、有效性，尽可能多地选取有效样本。

鉴于上述原则，本书选取10家先进班组作为访谈对象。针对研究架构中班组管理的经验进行深入访谈，因此，访谈对象是班组一线经理人、班组成员，在条件许可的情况下，邀请具有专业背景或直线高阶主管进行访问以求资料的客观、准确性。

3.2.1.2 访谈目的和访谈前准备

本次访谈的主要目的是考察高绩效班组的建设举措的认知和影响因素。为了达到这次访谈的目的，访谈之前与受访企业进行了沟通，使其预先对访谈工作进行安排。

3.2.1.3 深度访谈流程

本研究根据Eisanhardt(1989)提出的研究流程进行修改：

①根据选样标准，选择受访个案。对受访对象背景通过文件和档案资料进行了解，经电话联络告知访谈计划与主题，以便得到访谈机会。

②准备访谈纲要，将主题放入纲要中。根据克维尔(1996)总结的访谈规划步骤，设计了访谈的计划和步骤，见表3-1。

表3-1　　访谈规划和步骤

访谈计划	
研究目的	通过对公司班组班组长、部门主管、班组员工等进行访谈，初步界定和明晰班组绩效的关键要素

工作步骤	告知访谈议题，请其事先予以思考—按照访谈提纲进行交流—记录访谈要点—分析—检查资料的信度和效度
建立访谈记录	对每次访谈建立访谈记录
分　析	确定收集到的访谈资料与研究目的之间的联系
确　证	检查资料的信度和效度

③搜寻有关访谈企业公开报道以及与其合作的对象的相关资讯，尽可能先对受访公司有更多的了解，以备访谈时进一步了解。

④与公司直线主管进行深度的访谈，先提出访谈前已了解的资料，以提高受访者对访谈者专业性的认可，以便使欲进行的访谈可以更深入。为保证访谈的流畅性，研究者在访谈进行中大都以聊天的话题展开，并适当地引导受访者去回应，以形成访谈的情景，并让访谈者明确访谈的方向。

请受访对象介绍有关班组管理的基本情况，其中主要包括：班组的业务特点、班组人员配备、班组的管理难点、班组管理的关键节点等内容。

随后，访谈内容主要限定在以下两大方面：一是班组管理的关键点；二是提升班组管理绩效的关键举措。

在访谈的过程中，遵循 Patton(1990)所说的原则，将访谈过程中的关键词记录下来，以进行追踪询问和后续分析，并在访谈结束后 48 小时完成整理诠释工作。

⑤在分析的过程中，采用主题分析方法，分析的步骤采用了高树青(2004)提出的 7 个主题分析步骤为蓝本进行资料分析，遵循“理解—先前理解”的诠释螺旋及“整体—部分—整体”的诠释循环步骤进行。具体是：

叙说文本的整理—文本的整体阅读—发现事件与网络试图—再次阅读文本—分析意义的结构与经验重建确认共同的主体来反思—检验完成深度访谈。

⑥依访谈纲要进行确认所需资料，并发现受访者提出其他有意义问题。

⑦整理访谈记录。

3.2.2　访谈结果分析

上述的访谈，每个班组选取了 3～4 个人进行访谈，共进行了 3 个不同地市公司班组的访谈。考虑到具有代表性，选择的班组有中部、东部和南部地区。

访谈结果的处理过程包括提取其中的词(句)、初步筛选、编码汇总3个步骤。提取的词(句)的过程是检查被调查者的回答，从其中的句子、故事和描述中提取词汇。从被调查者的回答中选取提及率比较高的词汇，最多的关键词句为10个，最少的为2个。把访谈得到的提及频率等于和高于2的词汇作为一阶词汇(编号为4位数字或以上)，将抽象和汇总后的词汇作为二阶词汇(编号为2位数字)，分门别类地进行整理，剔除不相关的回答，借以厘清研究的方向。

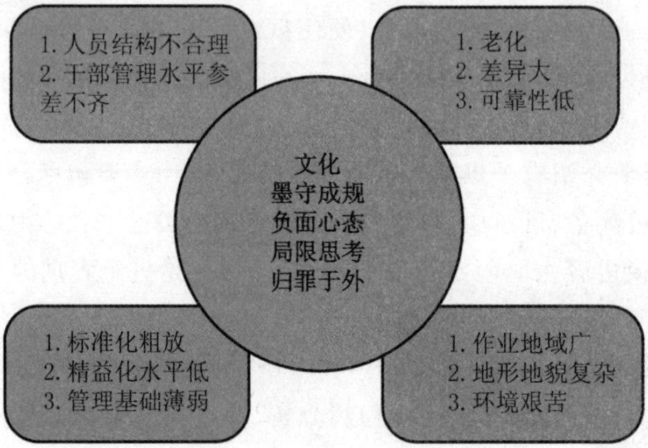

图3-3 存在的主要问题分析

3.2.3 访谈结果分析

在访谈中，班组管理重点增加和突出了以下的信息维度：

(1)班组文化

组织文化是一个组织中所有成员所共享的价值观体系，它内在地指导着员工的心智模式，影响员工对组织创新的认同和创新的动力，并且可以引导员工将创新作为组织的一项基本价值观，更为积极地参与组织的创新实践。

(2)绩效评估

绩效评估是组织策略沟通的重要工具，是对所属员工所作贡献与发展潜力的一种考核与评定。组织用以衡量和评估员工某时段工作表现，以评估结果作为薪资、晋升等调整的依据，并协助员工成长的过程。

(3)薪酬奖励

员工的能力和努力程度决定了公司的薪酬奖励绩效。根据绩效考核，对工作进行效果评估，对员工进行业绩衡量，对下一步工作进行指导，还以此对员工进行薪酬发放、奖励和职业规划。

(4)培训开发

由于培训需求分析不当、管理不力，常常导致对员工管理不善，成为人才流失的导火索。对员工的有效培训和开发，可以加强员工的管理开发以提升组织绩效和实现战略目标。

(5)职业规划与发展

“以人为本”，从人性、伦理和认知视角帮助员工，对员工的职业发展提供企业力所能及的帮助和支持，实现员工可就业能力的提升。

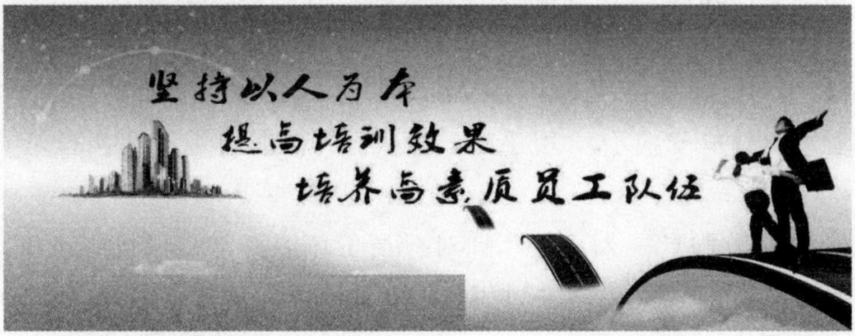

(6)员工参与

员工参与是指员工介入管理决策制定和实施，通过与管理层的交互作用，参与和影响管理行为的过程。员工参与提高了员工的组织归属感和组织认同，同时也提高了组织承诺和工作满意度。

(7)员工安全

与员工雇佣安全有关的工作实践一直是组织高绩效的主要部分。重点集中在开展作业安全风险辨识和防范,根据生产组织和作业管理流程,系统辨识和防范作业过程事故风险,落实安全组织措施、技术措施和应急预案相关措施,确保作业安全得到有效控制。

(8)绩效沟通与辅导

以员工开发为导向的绩效沟通与辅导是由管理者与员工共同参与的一个持续性互动过程,涉及指导员工、激励员工并为之提供报酬等方面的活动,其内容主要包括对员工的绩效进行观察,对做得好的工作提出表扬,帮助没有达到绩效期望或绩效标准的员工改正和改进绩效。

(9)工作分析

工作分析是整个绩效管理的奠基工程。没有工作分析,就无法进行清晰的岗位描述与任职资格说明;没有清晰的岗位描述,就无法比较和评价岗位的价值。

立足岗位,通过"一岗一标",熟悉岗位职责、制度、流程、标准等应知应会内容。"一岗一标"的内容是:立足岗位,采取"写我所做"的方式,根据工作、管理、技术标准,梳理员工胜任岗位的应知应会内容,并以岗位职责、岗位应遵循的管理规程、工作内容及流程要求、常用仪表和安全工器具的使用等,形成岗位应知应会学用手册,作为员工培训的基础和岗位考评的标准。

立足人性,通过"一人一控",针对对员工坏习惯与知识技能短板的改善,提升工作绩效。"一人一控"的内容是:采取自评和互评模式,识别与评估不良工作行为、知识技能短板、员工性格特点的安全风险防控点,合理配置作业人员。并且针对每个人的特点,制定学习提升目标计划,采取"人人都讲一小课""搭赛场、练绝活、创纪录"等方式,聚焦人的不安全行为的改善,实现对人的风险控制,建立高绩效、低风险的优质人员协作方式。

立足做事,通过"一事一控",实现每件事情质量和安全风险预控卡。"一事一控"的内容是:立足任务,将巡视任务和每项生产作业任务,以工作质量控制、风险点识别与预控为内容,编制风险巡视卡和工作质量风险控制卡。通过执行风险巡视卡识别所管辖的每条线路、每台设备、每个地域的特殊的风险库，通过执行工作质量风险控制卡，按照标准、流程作业，作业前就做好防控措施。工作质量、安全风险控制卡见表3-2，员工能力及风险控制卡见表3-3。

表3-2　　工作质量、安全风险控制卡

班　组	××	年　份	××
任　务	10kV电杆清除鸟巢		
时　间	年　月　日	工作票号：	
作业标准	(1)在晴朗、无风的天气才能开展此项工作。 (2)对安全用具、绳索及专用工具进行外观检查。 (3)登杆到合适位置，并与带电体保持不小于0.7m的安全距离。 (4)用传递绳传上工具。 (5)清除鸟巢，并确保清除干净，清除过程中要保持安全距离，避免造成短路或接地故障。 (6)用传递绳传下工具。 (7)下杆后，将地面鸟巢搭支物清理干净。		
风险点	预控措施		
1.误登杆塔	登杆前必须仔细核对线路双重命名、杆塔号，确认无误后方可上杆。		
2.触电伤害	(1)应设专人监护。 (2)杆上作业人员应与带电体保持0.7m及以上安全距离。 (3)上下传递物品时应使用传递绳，并应与带电体保持0.7m及以上安全距离。		
3.高空坠落	(1)登杆前，检查杆根。 (2)登杆前，应对脚扣进行检查。 (3)上、下杆过程中，不得持带工具物品等，不得失去安全带的保护。 (4)作业过程中应正确使用安全带，不得失去安全带的保护。		
4.交通事故	横过公路、铁路时，要注意观察，遵守交通规则，以免发生交通意外事故。		
现场补充措施	(若发现鸟窝材料等中含有金属丝时，应根据现场实际情况，补充必要的危险点分析和预控内容。)		

表 3-3　　员工能力及风险控制卡

<table>
<tr><td>岗位</td><td>配电运维</td><td>班组</td><td>配电运维班</td><td>被评估人签字</td></tr>
<tr><td>单位</td><td>××供电所</td><td>评估日期</td><td>×年×月×日</td><td>××</td></tr>
<tr><td rowspan="2">类别</td><td rowspan="2">任务项</td><td>评价</td><td colspan="2">改进提升</td></tr>
<tr><td>A/B/C</td><td>方法措施</td><td>时限</td></tr>
<tr><td>职责</td><td>岗位职责</td><td>A</td><td>××</td><td>××</td></tr>
<tr><td rowspan="13">应知应会</td><td rowspan="2">1. 安全工作</td><td>C</td><td>针对不能正确填写倒闸操作票，采取自己学与别人教相结合的方式进行改进</td><td>7 天</td></tr>
<tr><td>C</td><td>针对不能全面掌握倒闸操作的基本要求，采取模拟演练与理论知识相结合的方式，实现技能提升</td><td>10 天</td></tr>
<tr><td>2. 防护工作</td><td>A</td><td>针对对缺陷性质把握不准，采取自学，首先重点掌握危急缺陷内容</td><td></td></tr>
<tr><td>3. 巡视工作</td><td>B</td><td>××</td><td>30 天</td></tr>
<tr><td>4. 防雷接地</td><td>A</td><td>××</td><td>××</td></tr>
<tr><td>5. 事故处理</td><td>A</td><td>××</td><td>××</td></tr>
<tr><td>6. 技术管理</td><td>A</td><td>××</td><td>××</td></tr>
<tr><td>7. 验收管理</td><td>B</td><td>对验收标准内容掌握的不全面，首先学会杆塔及金具连接部分内容</td><td>20 天</td></tr>
<tr><td>8. 维修工作</td><td>×</td><td>××</td><td>××</td></tr>
<tr><td>9. 杆塔埋深</td><td>×</td><td>××</td><td>××</td></tr>
<tr><td>10. 在带电线路杆塔上工作与带电导线最小安全距离</td><td>×</td><td>××</td><td>××</td></tr>
<tr><td>11. 配电线路交叉跨越距离</td><td>×</td><td>××</td><td>××</td></tr>
</table>

(10)质量控制(QC)

解决工作现场存在的问题，不断进行质量的改进，是质量控制小组活动的基本特征。质量控制小组活动的目标主要围绕提高工作(产品)质量(效率)、降低消耗、创造良好的工作环境等方面，而这些也正是班组建设的重要课题。通过开展质量控制小组活动，对存在的问题进行分析、制定对策并实施，不断地提高生产、服务效率，节约物资，提高物资资源的利用率，不仅带来直接降低消耗的效果，提高经济效益，而且进一步增强了小组成员的效率意识与节约意识，强化了小组成员爱惜资源、节约资源的自觉性。

3.3 班组高绩效结构框架

结合文献的研究和访谈的初步结论，班组高绩效维度的设计原则主要有下列四点：

一是构面的单纯性。如果构面的界定不清晰，容易造成衡量上的不精确，因此需要进行细化价值链构面步骤，将每个构面区别清楚。

二是构面的完整性。除了构面的单纯性必须考虑之外，构面的完整性也是建构知识构面时决定的因素。

三是构面的一致性。决定构面的重点之一在于涵盖范围的大小要有一致性。构面如果太细，除了会产生重复衡量的问题之外，在实务上太细、太多的构面也有衡量上的困难；构面如果太大，则容易造成衡量不精确的问题。而每个衡量构面所包含的范围如果大小不一致，差距太大，则在衡量上容易造成构面权重的不相等。

四是构面的易懂性。由于设计构面要用以发展调查问卷，所以在构面名称的选择上，需选择明确、清楚、易懂的名词，使填答者能清楚地了解各构面的意义。

3.4 小结

本部分在分析公司班组绩效管理优秀实践的基础上，以高绩效工作系统的国内外理论为依据，对班组高绩效因素进行了理论分析和访谈验证。

本研究开发出班组高绩效的构面，分为班组文化、绩效评估、薪酬奖励、培训开发、职业规划与发展、员工参与、员工安全、绩效沟通与辅导、工作分析、质量控制活动等10个维度。

第 4 部分　拨云见日:公司高绩效班组 CAOMC 系统实践验证

本部分基于高绩效工作系统的理论研究与系统化考虑,通过实证研究对高绩效工作系统进行变量设计,开发出构建公司班组高绩效的结构维度。

4.1　测量工具产生和测试

在上述研究的基础上,为了进行实证研究,需要设计一套结构变量的测量项目。为了尽可能地使本文的测量项目具有科学合理性,需要对各测量进行访谈调查、预检验和小样本研究,这是大规模问卷调查之前的基础性工作。

4.1.1　专业访谈:访谈提纲和访谈过程

为了获得一份有效的设计问卷,根据从相关文献量表中提取出来的测量项目,结合本研究的研究对象和研究内容的特点,研究设计了针对符合研究要求的访谈提纲。访谈的目的是检测结构变量测量项目的效度。除了在第一阶段的访谈工作之外,本文同时还选择了 5 位班组长和其直线主管进行实地专业访谈。

4.1.2 访谈结果和调查问卷设计

本研究参考了 Delery 和 Doty (1996)的“7 种最佳实践”以及以往相关研究的相关量表，并结合公司实践进行修订，修订后的量表见表4-1。问卷初步设计完成之后，对企业相关人员作了说明，包括各个问卷项目的由来，并让其填写问卷，然后根据提出的问卷设计意见和建议进行了修订。在对问卷作了相应调整之后，组织了 5 位班组长进行调查，问卷测量项目基本达到了要求，填写问卷所需的时间为 10～15 分钟。

表 4-1　　　　高绩效班组结构初始测试题项

班组文化	班组建立了价值取向、特色鲜明的员工愿景 V_1
	班组践行“诚信、责任、创新、奉献”核心价值观 V_2
	班组有多种多样的职工小家、文体活动 V_3
	班组有明确的行为准则 V_4
	班组内部团结和谐 V_5
培训开发	公司有针对提高新员工工作技能的系统培训计划 V_6
	班组培训项目基于持续的任务开发而非短期目标 V_7
绩效评估	绩效评估保持班组公平 V_8
	绩效评估注重员工行为导向 V_9
	绩效评估的重点是鼓励员工发展而非员工惩罚 V_{10}

薪酬奖励	奖励薪酬与班组绩效挂钩的程度很大 V_{11}
	班组强调报酬的内部公平 V_{12}
绩效双向沟通和辅导	定期开展绩效面谈制度 V_{13}
	建立特殊事件督导督办制度 V_{14}
	有针对性地进行绩效辅导 V_{15}
职业发展	班组长了解员工在公司内的职业发展意愿 V_{16}
	员工在晋升中有适合的职位 V_{17}
员工安全	班组保障员工就业安全举措做得很到位 V_{18}
	如果员工遇到困难班组总是会妥当安排 V_{19}
员工参与	经理人员与员工不断进行坦诚的沟通 V_{20}
	在决策过程中会经常参考员工的意见 V_{21}
	员工在很多情况下可以自己决定工作内容和方式 V_{22}
工作分析	员工的工作职责有清晰的描述 V_{23}
	员工的岗位职责说明书包含了员工应该完成的所有职责 V_{24}
	员工在实际工作中能严格遵守岗位职责说明书的要求 V_{25}
QC 活动	班组有规范的 QC 小组活动 V_{26}
	班组围绕提高工作(产品)质量(效率)、降低消耗、创造良好的工作环境等方面开展研讨 V_{27}
	班组为员工参加创新成果的评比和专利成果的申报创造条件 V_{28}

4.2 数据收集

4.2.1 样本来源与回收

在样本的分布上，此次问卷调查选取济南、青岛、烟台、北京、大连、长春等十余城市的供电公司班组作为调查范围。本研究调查采用非随机抽样的方法，调查主要采取实地调查取证、电子邮件、邮寄等方式进行，尽可能采访先进班组长与基层人员。这次调查自 2015 年 6 月始至8 月累计发放问卷 100 份。

关于研究样本数据的收集，在小规模测试阶段，邮寄问卷回收率极低，且有效问卷比例低。面对面访谈后的问卷往往能够顺利获得，且有效问卷比例较高。考虑到采用随机邮件获得数据的效率较低，本研究较多地采取了当面填写问卷和现场回收问卷的方法获取数据。截至 8 月底，共回收问卷 84 份。其中有效问卷 80 份。回收率 84%，有效率 95.23%，见表 4-2。

表 4-2　　调查问卷调查方式分布与回收情况统计表

调查方式	发放数	回收数	回收率(%)	有效数	有效率(%)
现场调查	80	79	98.75	78	98.73
邮箱调查	10	2	20	1	50
电话调查	5	2	40	1	50
邮寄调查	5	1	20	0	0

由表 4-2 可知，本研究共计开展了 100 次调查，回收数据有效 80 份。其中，邮寄问卷对调查对象的控制和约束力不强，回收率为 20%；而从问卷有效率来看，现场调查仍然最具效力，有效率达到了 98.75%；网络调查主要通过电子邮件的方式获得数据，回收了 2 份有效问卷；电话调查的结果也不尽如人意。

4.2.2　样本数据特征

为了检验数据样本的特征和一致性，本书对问卷填写人所在企业特征和自身情况进行了统计描述，调查样本的结构如表 4-3 所示。

表 4-3　　有效研究样本填制者的描述统计表

	工作年限(年)			学　历			岗位背景		
特　征	1～3	4～6	＞6	研究生及以上	大专及以上	高中及以下	员工	班组长	直线主管
人　数	42	63	23	36	67	25	79	27	22
比率(%)	33	49	18	28	52	20	62	21	17

如表中所示，样本数据来自于公司中不同角色和背景的人员。其中，研究生及以上、大专及以上、高中及以下学历比例分别占样本比率为28%、52%、20%，且岗位分布员工、班组长及直线主管的比率分别为62%、21%、17%，工作年限分别为33%（1～3年）、49%（4～6年）、18%（高于6年）。

4.3 高绩效班组变量设计实证研究

本研究问卷回收后，先经人工检查，将资料予以编码，使用电脑统计软体SPSS For Windows 13.0版和Liseral版为分析工具。本部分首先对各结构变量的观测样本进行验证性因子分析，然后对验证后的测量项目构成进行结构处理。测量模型进行信度效度检验后，进行模型评价工作。

4.3.1 问卷的信度和效度分析

首先利用SPSS 13.0作为分析工具。在资料分析部分，为简化问卷测量内容，将具有相似概念的变量以较少的变量表示原来的资料结构，进而运用简化后的要素结构与其他变量进行分析。

信度检验主要考察问卷的内部一致性，本研究采用Cronbach's Alpha系数进行检验。结果系数为0.847，表明问卷有较好的内部一致性，见表4-4。

表4-4　　高绩效班组绩效构面信度表-Cronbach alpha

构　面	信　度	构　面	信　度
员工技能提升	0.894	班组文化	0.887
员工工作主动性	0.892	班组管理规范性	0.923
员工自我发展	0.858	总信度	0.847

效度即检查结果的正确性。效度越高，表明检测的结果越能显示所测对象的真正本质。本研究效度的衡量以相关文献为基础。在外部问卷发放之前，均与实务界人士进行访谈纠正。本研究通过项目共同度对其进行检验。统计结果显示KMO值为0.653，Bartlett球度检验的相伴概率为

0.000,表明项目间有共同因素存在,适合进行因子分析,如表 4-5 显示,项目共同度都在 0.609 以上,说明本研究的构想效度可以接受。

表 4-5 问卷各项目共同度分析

项目	Q_1	Q_2	Q_3	Q_4	Q_5	Q_6	Q_7	Q_8
共同度	0.730	0.763	0.703	0.678	0.768	0.851	0.807	0.834
项目	Q_9	Q_{10}	Q_{11}	Q_{12}	Q_{13}	Q_{14}	Q_{15}	Q_{16}
共同度	0.712	0.784	0.873	0.753	0.881	0.755	0.669	0.632
项目	Q_{17}	Q_{18}	Q_{19}	Q_{20}	Q_{21}	Q_{22}	Q_{23}	Q_{24}
共同度	0.772	0.758	0.887	0.757	0.865	0.779	0.612	0.876
项目	Q_{25}	Q_{26}	Q_{27}	Q_{28}				
共同度	0.672	0.847	0.869	0.709				

4.3.2 数据处理及分析发现

4.3.2.1 因子分析

本研究通过方差最大正交旋转(Varimax)对数据进行探索性因子分析,结果发现问卷中的 28 个项目获得检验支持并较好的由 5 个因子解释(从特征值看,前 5 个因子均大于 1,碎石图走势也表明前 5 个因子变动较大),累积贡献率达到 86.589%,结果如表 4-6 所示。

表 4-6 班组绩效探索性因子分析

旋转成分矩阵a					
	1	2	3	4	5
V_1				0.653	
V_2				0.705	
V_3				0.921	
V_4				0.846	
V_5		0.0		0.744	

续表

旋转成分矩阵[a]

	1	2	3	4	5
V_6			0.667		
V_7			0.813		
V_8		0.712			
V_9		0.689			
V_{10}		0.848			
V_{11}		0.666			
V_{12}		0.778			
V_{13}			0.691		
V_{14}			0.756		
V_{15}			0.801		
V_{16}	0.720				
V_{17}	0.572				
V_{18}					0.881
V_{19}					0.516
V_{20}	0.768				
V_{21}	0.807				
V_{22}	0.847				
V_{23}					0.531
V_{24}					0.854
V_{25}					0.681
V_{26}	0.647				
V_{27}	0.741				
V_{28}	0.572				

提取方法：主成分分析法。

旋转法：具有 Kaiser 标准化的正交旋转法。

a：旋转在 6 次迭代后收敛。

说明：V_1到 V_{28}分别为：员工愿景；核心价值观；职工小家、文体活动；明确的行为准则；内部团结和谐；系统培训计划；持续的任务开发；评估公平；绩效评估注重员工行为导向；绩效评估的重点是鼓励员工发展；奖励薪酬与班组绩效挂钩；报酬的内部公平；定期绩效面谈制度；特殊事件督导督办制度；绩效辅导；员工职业发展意愿；员工晋升职位；安全举措做得很到位；员工遇到困难会妥当安排；坦诚的沟通；在决策过程中会经常参考员工的意见；自己决定工作内容和方式；工作职责有清晰的描述；岗位职责说明书包含了员工应该完成的所有职责；规范的 QC 小组活动；开展班组 QC 研讨；班组为员工申报专利成果创造条件。

4.3.2.2 因子命名

在因子命名和解释因子之前，需要对项目存在的合理性进行分析，如果某项目的负载低于 0.4 或出现多重负载，或者该项目和总样本之间（Item to Total）的相关系数低于 0.3，我们都将不再予以保留。

因子 1：班组文化（21.43%）①

Scheider 认为，企业文化在人力资源管理、内部机制形成、员工行为规范、工作流程以及精神追求等方面都发挥着重要的作用。Deal 和 Kennedy 指出，核心价值观的运用、员工榜样的塑造、行为规范的制定、文化环境的打造是企业文化内涵的重要组成部分。Schein 将企业文化定义成适应内外部环境的变化而自发创造和形成的企业运转模式，并通过员工之间的相互影响实现企业文化的传递。

因子 2：员工技能提升（17.70%）

通过培训开发以及绩效辅导提升员工能力。赵曙明（2012）认为，变革的执行需要对员工和管理人员进行培训和再培训。Korb (1965)认为，通过对员工的培训可以增加知识、技能和积极态度，还可以提升员工士气和产品质量；Bushnell (1990)指出，培训对绩效的影响可以反映在组织的获利率、竞争力及生存能力三个方面的表现上；苏文平（2005）等认为对员工进行培

① 括号内为因子对班组绩效的贡献率。

训开发由于培训需求分析不当、管理不力，常常导致对员工管理不善，成为人才流失的导火索，对员工的有效培训和开发，可以加强员工的管理开发以提升组织绩效和实现战略目标。在公司基层班组绩效实践中，通过“一台两方法”可以有效提升员工技能。见图 4-1。

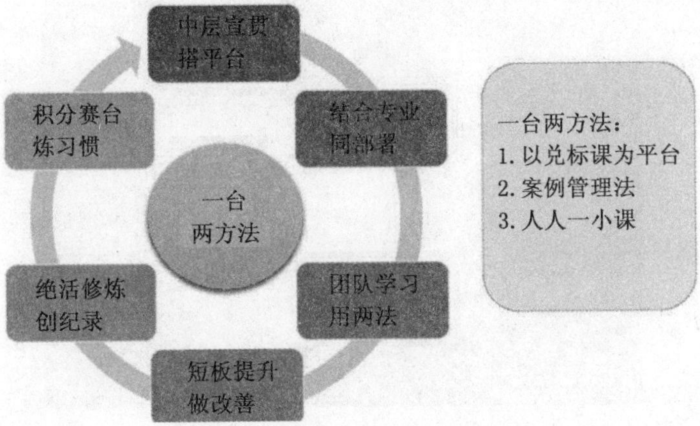

图 4-1 “一台两方法”

因子 3：员工工作主动性(19.30％)

通过绩效评估、薪酬体系以及创新自主性激励员工的工作主动性。

绩效评估要保持组织公平和公正性，绩效评估通过影响员工行为和态度，进而影响组织绩效。绩效评估过程中，管理者要履行对员工的社会责任，对评估者的避免主观偏好、伦理准则、职业道德都有较高的要求，本着从企业社会责任的公平公正视角出发，避免绩效评估的主观性和不公平性，进而达到有效影响员工行为和态度，实现组织战略目标和组织绩效。汪纯孝(2006)等将公平薪酬从薪酬结果公平性、薪酬管理程序公平性、薪酬管理交往公平性、薪酬管理信息公平性四个维度进行划分。得出结论为：企业薪酬管理公平性影响员工满意度；企业薪酬管理公平性通过员工的薪酬满意感，间接影响员工的工作积极性和工作绩效。

基于正确的绩效管理定位，将绩效提升与员工成长发展相结合，设计简单可操作的绩效体系和制度，使员工积极参与绩效管理，不断学习、成长与发展。

在此基础上，结合工作内容，对存在的问题进行分析、制定对策和实施，不断地提高生产、服务效率，节约物资的消耗，提高物资资源的利用率，不仅带来直接降低消耗的效果，提高了经济效益，而且进一步增强了小组成员的效率意识与节约意识，强化了小组成员爱惜资源、降低资源消耗的自觉性。

因子 4：员工自我发展(16.76%)

通过员工参与管理、沟通和信息共享、员工职业发展给员工提供帮助组织实现自我发展达成目标的机会。

通过职业发展与规划可以稳定员工队伍，降低企业人员流动性，降低人员流失成本。通过组织生涯规划和员工职业生涯规划双通道的嵌入与融合，让员工看到自己的职业发展和晋升预期，用职业规划来激励员工的创造性和工作积极性，让员工职业发展与组织发展并行，留住员工并源源不断为公司创造价值。

姚华(2005)认为，通过员工参与管理，可以实现员工成长、自我价值实现、提高员工工作积极性，从而实现组织绩效的提升。Thomas Zwick (2006)调查发现，大多数员工想要更多的参与机会和在影响工作场所的公司决策方面的更高的话语权。同时，他们还发现多于四分之三的工人感觉到给予工人关于生产更高的话语权将提高竞争力、改善质量和提高工作满意度。Richard D. Rosenberg 和 Eliezer Rosenstein (1980)分析了员工参与计划对生产率的影响，研究得出员工卷入小组参与的程度增加与小组生产率的提高正相关。

因子5：班组管理的规范性(12.13%)

通过工作分析、安全管理等制度和流程约束的严格管理对员工的行为进行控制和协调，实现班组管理规范性，提升班组绩效。战凤、欧阳林(2000)认为，工作分析可以理顺人力资源部门与其他部门的关系，理顺组织与外部环境的关系，科学评价员工绩效，提高员工满意度，提高工作效率。有研究表明，想安全、懂安全、会安全不一定能做到真正安全。工作中18种“危险人”必须谨慎。见图4-2。

想安全＋懂安全＋会安全≠能安全

十八种危险人

1. 违章作业的“大胆人”	10. 心神不定的“心烦人”
2. 冒险蛮干的“鲁莽人”	11. 急于求成的“草率人”
3. 冒失莽撞的“勇敢人”	12. 手忙脚乱的“毛躁人”
4. 吊儿郎当的“马虎人”	13. 变换工种的“改行人”
5. 盲目侥幸的“麻痹人”	14. 初出茅庐的“年轻人”
6. 投机取巧的“大能人”	15. 经验丰富的“老牛人”
7. 满不在乎的“粗心人”	16. 固执己见的“怪癖人”
8. 凑凑合合的“懒惰人”	17. 休息不好的“疲惫人”
9. 难事缠身的“忧愁人”	18. 盲目指挥的“糊涂人”

图4-2　18种“危险人”

王操红(2009)从四个方面分析了工作分析对组织绩效的影响：一是有助于优化整合资源，为企业带来效益；二是有助于促进知识员工间的分工协作，降低工作中的协调成本；三是有助于招聘到人岗匹配的知识员工，减少人力成本等费用浪费；四是有助于提升知识员工的工作动机、满意度、忠诚度。

工作分析和设计使得组织的人力资源战略与组织目标更好地结合，帮助企业获得竞争优势。从组织角度讲，它通过影响组织的动态能力，如改变企业的组织结构、知识结构、内部与外部的整合等，进而对企业组织绩效的核心业务流程、学习与成长等维度产生影响。高绩效工作系统既包括全面培训、员工参与、内部晋升、员工安全和利润分享等承诺性导向的实践，也包括了绩效考核、工作分析等控制性导向的实践。Ichniowski 等提出了激励性薪酬、利润分享、高度参与、员工培训、雇佣安全、工作轮换、信息分享以及员工参与会议、工会和申诉程序的实践。Datta 提出严格的选拔程序、规范合理的内部晋升以及合理的申诉程序、参与机制等，都是高绩效工作系统的具体内容。

表 4-7　　高绩效班组关键因素及其权重

序　号	维　度	指　标	权重(%)	权重(%)
1	班组文化 P_C	班组建立了价值取向、特色鲜明的员工愿景 V_1	10.30	21.43
2		班组践行“诚信、责任、创新、奉献”核心价值观 V_2	18.96	
3		班组有多种多样职工小家、文体活动 V_3	24.07	
4		班组有明确的行为准则 v_4	31.29	
5		班组内部团结和谐 v_5	15.38	
6	员工技能提升 P_S	系统培训计划 V_6	18.93	17.70
7		持续的基于任务的培训开发 V_7	15.26	
8		定期绩效面谈制度 V_{13}	21.94	
9		特殊事件督导督办制度 V_{14}	12.89	
10		绩效辅导 V_{15}	30.98	
11	员工工作主动性 P_M	评估公平 V_8	10.90	19.30
12		绩效评估注重员工行为导向 V_9	13.62	
13		绩效评估的重点是鼓励员工发展 V_{10}	16.67	
14		奖励薪酬与班组绩效挂钩 V_{11}	12.43	
15		报酬的内部公平 V_{12}	19.77	
16		规范的 QC 小组活动 V_{26}	7.34	
17		开展班组 QC 研讨 V_{27}	6.65	
18		班组为员工申报专利成果创造条件 V_{28}	12.62	

续表

序　号	维　度	指　标	权重(%)	权重(%)
19	员工自我发展 P_o	员工职业发展意愿 V_{16}	18.68	16.76
20		员工晋升职位 V_{17}	16.56	
21		坦诚的沟通 V_{20}	22.95	
22		在决策过程中会经常参考员工的意见 V_{21}	25.25	
23		自己决定工作内容和方式 V_{22}	16.56	
24	班组管理规范性 P_C	安全举措做得很到位 V_{18}	22.15	12.13
25		员工遇到困难会妥当安排 V_{19}	21.72	
26		工作职责有清晰的描述 V_{23}	18.93	
27		岗位职责说明书包含了员工应该完成的所有职责 V_{24}	20.37	
28		员工在实际工作中严格遵守岗位职责说明书的要求 V_{25}	16.83	

4.4　小结

本部分构建了“CAOMC”模式的高绩效班组工作系统。班组高绩效的班组文化、绩效评估、薪酬奖励、培训开发、职业规划与发展、员工安全、员工参与、绩效沟通与辅导、工作分析、QC 活动等 10 个构面，共计 28 个题项。通过项目共同度对其进行检验。统计结果显示 KMO 值为 0.653，Bartlett 球度检验的相伴概率为 0.000，表明项目间有共同因素存在，适合进行因子分析，如表 4-6 显示，项目共同度都在 0.609 以上。利用 SPSS13.0 作为分析工具，采用 Cronbach's Alpha 系数进行检验，系数为 0.847。通过方差最大正交旋转对数据进行探索性因子分析，结果发现问卷中的 28 个项目获得检验支持并较好地由 5 个因子解释：班组文化、员工自我发展、员工技能提升、员工工作主动性、班组管理的规范性等，累积贡献率达到 86.589%。

第 5 部分　循理探路：权力距离文化导向与员工公民行为作用机理研究

“文化”被定义为指导一个群体日常生活的普遍的共享的信念、准则和价值观，也体现为企业的行为方式或经营风格。因此，文化背景不同的人，其经营理念和管理方式往往大相径庭，习惯接受的管理方式也不同。文化差异包括三个层次：最深层的是具有民族和国家特色的社会文化背景差异；中间层是具有企业特色的企业文化差异；表层是具有个体文化素养特征的个体文化差异。一般来说，深层次的差异对来自外部改变它的力量有较强的抵制性，所引起的摩擦也不易改变；而表层的差异对改变它的外部力量抵制相对较弱，所引起的摩擦可以通过文化交流得到克服。

管窥天下

霍夫斯泰德的文化维度理论利用权力距离、个人主义和集体主义、不确定性规避、阳刚气质和阴柔气质、长期导向和短期导向等维度对文化进行衡量。其中以权力距离影响最明显。本研究希望分析班组的员工行为与班组绩效的作用机理中文化的权力距离的作用机制。

5.1 权力距离文化导向对班组绩效管理影响研究

5.1.1 权力距离

权力距离导向一般作为个体的价值观因素来探讨它对个体态度、认知、行为的影响。霍夫斯泰德把权力距离定义为在一个国家和组织中，弱势成员对于权力分配不平等的接纳程度。权力距离指数得分表明一个国家中人们之间的依赖关系。在低权力距离模式中，下级对上级的依赖小，上下级更喜欢协商的方式。上下级之间的情感距离较小，下级更容易与上级商量问题并驳斥上级的意见。而在高权力距离模式中，下级对上级有相当大的依赖性。下级的反应表现为偏爱这种依赖。因此，上下级情感距离很大，下级不太可能直接与上级商讨问题，更不可能直接反驳上级。在权力距离大的文化中，成员将权力视为社会的基本因素，强调指示性权力和强制力，而在权力距离小的文化中的成员则认为权力的运用应当合法，重视专家或合法性的权力。

5.1.2 权力距离对管理的影响

Paine Organ(2000)提出，高权力距离文化中的员工接受不平等普遍存在这一现实，所以他们即使受到不公平的待遇，也不会太介意。权力距离感强的员工不把上级的民主公正当作理所当然的事情，但这并不意味着当他得到意料外的公平待遇时会无动于衷。Yang 等(2007)研究发现，组织权力距离在程序公正氛围和个体产出(组织承诺和组织公民行为)的关系中起到调节作用，高组织权力距离会消弱程序公正氛围对员工产出的影响，相反，低组织权力距离会强化程序公正氛围对员工产出的影响。Tong 和 Mitra(2009)发现文化中的社会等级意识、对面子的重视、谦虚意识、竞争意识、面对面交流的偏好等会成为改善管理主动性的障碍。权力距离文化差异通过约束上级领导与底层员工的隶属关系，干扰信息的上下流通，对企业绩效的改善起到间接的影响作用。徐笑君(2010)认为，在高权力距离的文化背景下，高层管理者倾向于控制知识流的传播，对员工严格控制重要信息，即使进行信息分享，也会转移可以增强对底层员工具有控制和影响的信息。这样会严重影响组织内部的信息沟通，降低企业绩效。

5.1.3 员工感知的权力距离对员工行为的效应研究

Bochner 和 Hesketh(1994)研究表明，以往的研究较多地探讨了国家权力距离对员工行为的效应，较少关注个体权力距离导向对员工行为的作用及影响。

个体感知的权力距离会对其行为产生一定的统领作用。张志学、张建君(2010)指出个体权力距离导向对其沟通方式、冲突处理、决策参与等都会产生深远的影响。Farh 等(2007)发现员工权力距离和传统性在感知到的组织支持和员工产出的关系中扮演着调节作用的角色。对于低权力距离和低传统性的员工，两者的作用更为显著，并且权力距离比传统性的调节作用更强。王垒等(2008)研究指出，领导权力距离导向与员工创新观点的提出负相关，但与员工创新的推广和执行正相关。Botero 和 Van Dyne(2009)的研究发现，员工权力距离导向与员工建言行为负相关，并且 LMX 将会对员工权力距离导向与员工建言间的关系进行调节。Wu Chaturvedi(2009)研究了程序公平和员工权力距离导向在高绩效工作系统与员工态度关系中的调节作用，研究表明，低权力距离导向员工对两者间关系的调节作用更为显著。

5.1.4 权力距离研究重点

目前从权力距离的研究层次来看，对国家层面权力距离的分析和探讨，缺乏对组织层面和个体层面权力距离的研究。加强对组织层面和个体层面权力距离效应的分析和探讨，对组织行为有更为实际的研究价值。

涉及权力距离的研究更多的只是作为一种情景变量或调节变量而存在，探讨权力距离主效应及其作用机制的研究仍然比较匮乏。从权力距离的内涵及实质来看，权力距离不管是作为国家层面的一种文化价值观因素，还是作为个体层面的个体的价值观念因素，它都将对员工的行为产生重要的影响。因此，要推动权力距离研究的落地，强化权力距离对员工行为直接效应及其作用机制的研究。

5.2 员工公民行为对班组绩效管理影响研究

5.2.1 组织公民行为的内涵

“组织公民行为”(Organizational Citizenship Behavior，简称OCB)这一概念最早是由Organ在1988年正式提出的。Organ认为，组织公民行为是“任意的，没有直接、明确地跟正式的奖赏系统相联系的，但它从总体上来说能促进组织有效运行”。Organ最初认为工作行为的表现形式不受地位的影响，但相对地会受到个体工作态度的影响。1993年，Borman和Motowidlo提出，关系绩效不是直接的生产和服务活动，而是构成组织的社会、心理背景的行为，包括自愿的行为、组织公民行为、亲组织行为、组织奉献精神以及与特定作业绩效无关的绩效行为，如自愿承担额外的工作、帮助同事等。它能够促进组织的沟通，对社会沟通起润滑作用，降低紧张的情绪反应，可以促进作业绩效，从而提高整个组织的有效性。因此，按此定义，组织公民行为被包含于关系绩效之中。角色外行为是指组织成员主观地认定哪些行为表现不属于自己工作范畴，而组织公民行为则是客观地认定不属于个体工作说明书中的内容，却能提升组织整体效能。1997年，Organ对原先的定义进行了修正，认为组织公民行为类似Borman和Motowidlo所提出的关系绩效。Bettencourt (2004) 则认为组织公民行为是不在正常角色责任或工作要求规定之内的积极的并通过不断重复推动组织有效发展的行为。

根据以上文献研究可以看出：组织公民行为是一种有利于组织的行为，它由一系列非正式的合作行为所构成，既不为组织正式角色所强调，也不为正式劳动合同所要求。判断一种行为是否属于组织公民行为，可以依据三个标准：

一是动机纯正——非自利；

二是有益于组织发展运作；

三是不在正式规章约束范围内。

员工公民行为是指个体可自行决定是否实施那些不被组织正式奖励系

统明确认可,但在总体上能够提高组织效能的行为。比如顺从组织、帮助同事、自愿加班等。

5.2.2 组织公民行为的维度及测量

自从1988年Organ正式提出“组织公民行为”(OCB)的概念以来,国内外的学者对于其特征维度的构成提出了不同的观点,但都未能达成一致。浏览OCB特征维度的文献可以发现,已被定义过的OCB特征维度有30多项,其中有二维结构、四维结构、五维结构、六维结构等等。

Smith和Organ(1983)最早提出了OCB的特征维度。他们要求基层管理者说明其希望员工能够表现出哪些行为,而这些行为不是主管要求员工去表现的,也不是员工为了获得组织给予报酬而去表现的。Smith等最早进行了组织公民行为结构维度研究并构建了二维模型,认为组织公民行为包括利他行为和一般顺从。利他主义是指在工作相关的事件上,员工会自发性地帮助他人或团体。一般顺从是指员工遵从关于工作场所的管理、出席、时间安排等规定与政策。

其后,Organ(1988)构建了组织公民行为五维模型,把组织公民行为分为利他性、责任心、运动员精神、殷勤有礼和公民美德5个维度。Graham等(1995)提出了四维结构:人际互助、组织忠诚、个体勤奋和个体主动力。Williams和Anderson(1991)观点是:可以根据行为指向将组织公民行为分为组织指向行为、人际指向行为以及角色内角色等3种。Van Dyne等(1994)则提出组织公民行为的3个特征模式,分别为服从(Obedience)、忠诚(Loyalty)及参与(Participation)。“服从”是指个体尊重组织的制度结构与程序;“忠诚”是指个体对组织与组织领导者的忠诚度超过对个人、工作团体或部门的忠诚;“参与”是指个体积极参与组织内部的决策与管理。Moorman和Blakely(1995)采用四维量表进行测量,包括人际帮助、个人主动性、个人努力和忠诚支持4个维度。Van Scotter和Motowidlo(1996)则认为组织公民行为是包含人际促进和工作贡献两个维度的二维构念。而Coleman和Borman(2000)通过聚类分析,将27种组织公民行为分为人际公民绩效、组织公民绩效和工作任务绩效3类。

Farh、Earley及Lin(1997)定义出华人本土的组织公民行为共有5个特征维度，分别为认同公司、利他主义、良心行为、人际间和谐及保护公司资源。认同公司的内涵为，个体自发性地参与并且关心组织；利他主义的内涵为，个体努力帮助周遭的人解决与组织相关的作业或问题；良心行为的内涵为，个体的行为超出组织对该工作角色最基本的要求；人际间和谐的内涵为，个体避免滥用公司的政策或资源。樊景立（2000）探讨了组织行为四层面十维度结构。

此外，林淑姬、樊景立（2000）通过实证研究归纳总结的七维结构比较有代表性，分别是：助人行为（helping behavior）、运动员精神（sportsmanship）、组织服从（organizational compliance）、个人主动（individual initiative）、组织忠诚（organizational loyalty）、公民道德（civic virtuel）和自我发展（self development）。可惜的是国内后续研究中缺乏更进一步的对组织公民行为结构维度的实证研究。

5.2.3 组织公民行为影响因素研究

在组织公民行为的研究领域，有关组织公民行为影响因素的研究存在大量的文献。

5.2.3.1 组织公民行为影响前提因素

首先，从理论上提出可能影响组织公民行为形成的因素及影响的方向和强度；再进一步通过问卷调查，以企业为样本进行实证研究，验证所提出的影响因素与员工组织公民行为的相关性。很多学者都有各自的观点，提出的影响因素各异，即使某些因素相同，与员工组织公民行为的相关性方向也存在相悖，这可能与研究者在样本和统计方法的选取上存在差异有关。所以在组织公民行为的前提因素上，目前尚未形成统一的认识。根据以往的研究，组织公民行为的前提因素主要涵盖在以下五个方面：个体特征、工作特征、组织特征、领导行为、与交换相关的变量。

5.2.3.2 组织公民行为影响前提因素中介变量和调节变量

通过此方面的研究，能够使人们更加清楚地了解员工组织公民行为形成的过程，也为管理者采取合理的措施有效地引导员工组织公民行为提供了更具体的思路。有的研究者提出，组织承诺和领导行为通过工作满意度这个中介变量对员工组织公民行为的形成产生影响。也有研究者认为，组织承诺和组织公平等前提因素通过角色定义幅度对员工形成组织公民行为产生影响。关于影响组织公民行为形成的调节变量则主要包括年龄、性别、文化、传统观念等。

5.2.3.3 组织公民行为影响前提因素作用机理的研究

各个行业因其具有的独特个性特点，影响其组织公民行为形成的因素和各因素的重要性会有所不同，因而影响因素的作用机理也会有所差异。目前，已有的研究涉及的行业主要包括医院、教育部门、高科技企业、保险业、汽车销售业、旅游服务业等等。

5.2.4 关于组织公民行为影响结果的研究

组织公民行为的概念理论起源于对下述问题的探讨：组织中的员工应具备哪些工作行为，才能够协助组织达到高效的目标？因而关于组织公民行为影响结果的研究，主要是研究组织公民行为与绩效之间的关系。

Mackenzie 和 Podsakoff(1991，1993)从理论上总结了企业管理者在员工绩效评估过程中考虑员工组织公民行为的原因。Organ(1988，1990)、Karambayya(1990)、Mackenzie 和 Podsakoff(1994，1997)、George 和 Bettenhausen(1991) 都有从理论上阐述了组织公民行为影响组织绩效的机理。Karambayya 在研究中观察了工作群体绩效与工作满意感、组织公民行为之间的关系。结果表明，高绩效、高满意感的员工比低绩效的员工更多地表现出组织公民行为。

5.3 权力距离对员工公民行为与班组业绩的作用机理研究

5.3.1 员工公民行为与班组业绩作用机理研究

组织公民行为能从整体上有效地提高组织效能，因而大多数相关研究都是阐述组织公民行为对组织绩效影响的机理及进行相应的实证检验。然而员工的工作行为不但对企业目标的实现至关重要，也影响着员工自身绩效的改进。

组织公民行为对员工绩效的主观影响是指员工的组织公民行为影响绩效评估者对员工的绩效评估过程，从而最终影响到员工绩效评估结果。班组长逐渐把员工个体绩效的实现与班组整体绩效目标紧密结合，在员工绩效评估过程中，不但重视直接导致员工个体绩效的行为，也注重那些不隶属于员工规定职责但有利于员工所在部门或企业的行为。大多数学者和企业管理者都认同组织公民行为整体上有利于提高组织绩效，因而即使员工的组织公民行为没有明确成为员工绩效评估指标，也对管理者的绩效评估过程产生着较大影响。

从绩效评价方面，那些实施组织公民行为的员工就会激发起企业管理者正面的情感，促使企业管理者在进行绩效评估时给予实施组织公民行为的员工较高的评价。Berman，Kenny（1976）和 Bruner，Tagiuri（1954）的研究认为，评估者对发生事件或行为进行判定时会依据自己的隐含理论。也就是说，如果某企业管理者在内心隐含地认为员工的组织公民行为与员工绩效之间存在正面的联系，该管理者就会经常性地观察那些实施组织公民行为的员工，并且该管理者的"隐含绩效理论"会促使其推断那些频繁实施组织公民行为的员工是具有较高绩效水平的员工。Goulener（1960），Homans（1961）和 Blau（1964）的研究表明：在人际交往过程中遵循着互惠的原则。即在人际交往过程中，人们试图互惠地对待那些曾经帮助过自己、公平地对待自己或为自己效力过的人。所以，当组织公民行为对管理者和组织产生正面影响时，源于公平的感知，企业管理者会在绩效评估过程中给予那些实施组织公民行为的员工较高的绩效评估分数。Fiske（1981，1982）和 Pavelchak，Fiske（1986）指出，当某个客观体被某些人定义为其喜欢的客观体代表或物体种类时，那么这些人就会将其注意力和情感迅速地投入到该客观物体上。Denisi 等（1984）提出：企业管理者在对员工绩效进行评估过程中，会在脑海中搜索员工之间的一些区别性信息。因为组织公民行为一般都不隶属于企业要求的员工行为，因而员工的组织公民行为与员工的职责内行为形成鲜明差异，这些异质性的行为给企业管理者留下深刻印象，并且得到企业管理者的认同，所以员工的组织公民行为会影响到企业管理者的绩效评估过程。

从工作客观绩效表现上，员工组织行为对班组绩效同样产生正面影响。

工作能力是指员工顺利完成某项工作或胜任某个工作岗位所必须具备的内在的能耐，其包括任一活动都要求具备的一般能力以及完成某项具体活动所需的特殊能力。

员工的工作绩效指的是根据工作说明书所确定的员工需要接受评估的工作行为和工作结果。组织公民行为当中的某些特征维度对员工的工作绩效将产生直接与间接的影响。个人创新性行为能不断提高员工的创新能力；公民美德行为当中因员工积极地参与组织各项活动，因而他们与同事接触的机会增多，认识面扩大，可以吸收各层次员工的思想和观点，更全面地看待事物，更透彻地分析问题，综合分析能力逐渐增强；意见表露行为要求员工能清晰地表达自己的观点并鼓励其他员工表述自己的观点，因而他们将有意识地提高自己的口头表达能力、演讲能力、号召力和组织协调能力；当员工把自我发展过程中所学到的知识和技能与企业实践结合起来考虑时，其在工作方法上的创新能力和对客观事物的综合分析能力将逐步提高。

因此，本研究可以假设：

H1：员工组织公民行为对班组绩效有正向影响。

5.3.2 权力距离对班组业绩的作用机理研究

Georgesen 和 Harris(2006)指出，高权力距离导向的领导也会注重自我展现，强调对自己权威地位的维护，不希望下属对自己有任何的异议。周建涛、褒建桥(2012)认为高权力距离导向的领导会因为对决策权的收聚以及对下属建言的忌讳而使员工保持默许性行为，减少其工作投入。Landau(2009)指出，员工由于被高权力距离导向的领导“隔离”于组织之外，会产生对领导的疏远以及对组织利益的漠视。相比较而言，低权力距离导向的领导则会忽略与员工间地位和权力的差异，会鼓励员工的组织参与，期望员工为组织的发展和完善提出自己的建议或想法，激发其工作动机，提升其工作绩效。

因此，本研究可以假设：

H2：权力距离导向对班组绩效有负向影响。

5.3.3 权力距离对员工公民行为与班组业绩的作用机理研究

价值观是指一个人对周围客观事物（包括人、物、事）的意义、重要性的总评价和总看法，是个体基本的信念和判断；动机是引起个人行为，维持该行为，并以此行为导向满足某种需要的欲望、愿望、信念等心理因素。动机导致了个体行为的出现，需要引发个体动机，需要的形成又是个体在接受内外诱因的刺激后首先经过了价值观的判断。

Brockner 等（2001）指出，作为个体文化价值观的一个重要维度，权力距离直接影响着员工的角色定位及行为方式的选择。高权力距离导向的员工认同与领导的权力差异并且会维持自己在权力关系中的从属地位。当与领导意见不一致时，高权力距离导向的员工也会为了避免与上级发生冲突而不加批判地接受上级的最终决定（Kirkbride 等，1991）。在组织管理过程中，下属只需执行命令，而不需要他们提出自己的观点或看法。Avery 等（2012）从员工的视角来说，领导的态度和行为直接影响着员工的组织社会化过程。Detert 和 Edmondson（2011）发现员工会通过观察领导的行为、端摩领导的心理发展出自己的一套组织沟通规范认知地图，员工借此地图来判断自己的工作内容。因此，当员工知觉到高权力距离导向领导的权力和控制偏好时，也会顺应领导、规避风险，表现出更多的不作为行为。

因此，本研究可以假设：

H3：权力距离导向对员工组织公民行为和班组绩效起调节作用。

5.4 小结

“文化”被定义为指导一个群体日常生活的普遍的共享的信念、准则和价值观，也体现为企业的行为方式或经营风格。公司要求班组贯彻公司基本价值理念体系，弘扬“努力超越、追求卓越”的企业精神，践行“诚信、责任、创新、奉献”的核心价值观，履行社会责任，培育符合公司基本价值取向、特色鲜明的员工个人愿景和班组共同愿景，引导员工在推进公司发展中实现自身价值，努力实现公司和员工的共同发展。

本部分结合霍夫斯泰德的文化维度，以文化的权力距离为代表维度，在开发出文化的权力距离以及员工行为量表的基础上，探讨文化的权力距离以及员工行为对公司班组绩效的作用机理。

第6部分　焦点访谈:权力距离文化导向与员工公民行为影响实证分析

在前面的研究中得出一个结论:班组文化是高绩效班组的一个重要构面。这一研究在以往的西方和公司层面研究中没有涉及。本部分以文化为视角,研究文化是如何影响高绩效工作系统的,权力距离文化导向是通过何种机制对班组绩效产生影响的。

6.1　变量测量

6.1.1　调节变量:权力距离文化导向

根据霍夫斯泰德的研究,权力距离是指一个社会、组织或者机构中掌握权力较少的那部分成员对权力分配不平等这一事实的接受程度。其程度的高低是通过权力距离指数 PDI 来反映的。本研究所有量表都取自国外文献,在问卷编译过程中均采用翻译和回译的方法把量表从英文翻译为中文。

采用 Dorfman 开发的问卷测量个体权力距离导向,共6题,其中包括:

①在大部分情况下,管理者在制定决策时,并不需要咨询下属的意见;

②管理者应该经常使用职权和威严来处理与下属的相关问题;

③管理者不必要求员工就目前的现状提出一些合理化的建议;

④管理者不应该把极为重要的任务交予他的下属去执行;

⑤员工不该一味地顺从管理者的决定;

⑥上级应当避免与下属有工作之外的交往。

采用 Likert 7 点量表,1 为“非常不同意”,7 为“非常同意”(下同),由领导和下属分别进行填写。

6.1.2 自变量:组织公民行为

组织公民行为实施类型与频率部分的问卷设计首先采用开放式问卷调查、收集、整理,选择其他量表没有出现的条目作为补充项目,然后查阅国内外的文献,结合国外已有的 3 份量表:Smith,Organ 和 Near(1983);Podsakoff,Mackenzie,Moorman,Fetter(1990)和 Farh,Earley 和 Lin(1997)的测量表。其中员工的组织公民行为测量包含 9 个维度,即前文通过归纳总结得出的企业员工的特征维度。“帮助行为”涉及 4 个题项:

①我经常自觉帮助新员工熟悉环境和工作 V_1;

②我经常帮助工作量繁重或绩效落后的同事 V_2;

③我经常帮助缺席的员工 V_3;

④我时刻准备好向周围的人伸出援手 V_4;

“运动员精神”涉及 4 个题项:

①我是那种典型的无埋怨积极主动工作的人 V_5;

②我很少花费时间抱怨那些不重要的事情 V_6;

③我在关注于做错了什么的同时,总是会去看待事情积极的一面 V_7;

④我总是尽可能地与他人保持合作态度,即使要牺牲个人利益 V_8。

“组织忠诚”涉及 4 个题项:

①当其他员工都在批评组织时,我总是自然而然地维护组织 V_9;

②当有人抨击组织时,我总是极力地维护组织 V_{10};

③我严格保守组织秘密 V_{11};

④组织处于经营逆境时,我决不会轻易背离组织 V_{12}。

“组织遵从”涉及 4 个题项:

①我从不在非必要时离开工作岗位 V_{13};

②我从不花多余的时间用来休息 V_{14};

③即使在没有他人在场的情况下,我仍严格遵守组织规章制度 V_{15};

④我总是服从组织安排,并严格照章办事 V_{16}。

“公民美德”涉及4个题项：

①我积极参与那些非必需但涉及公司经营决策的会议 V_{17}；

②我平时总习惯性地有意识地节约和保护组织资源 V_{18}；

③我总是很留心地关注有可能破坏组织的行为，并及时向组织汇报 V_{19}；

④我随时关注组织的最新规章制度 V_{20}。

“意见表露”涉及4个题项：

①即使别人都表示反对，对那些可能给自己带来严重影响的事我也诚实地表达观点 V_{21}；

②我经常激励别人表达他(她)的观点和看法 V_{22}；

③我经常鼓励那些原本不会大胆说出自己观点、做事过于犹豫的同事 V_{23}；

④我经常就如何使组织得到更好的发展这样的问题与同事进行交流 V_{24}。

“自我发展”涉及4个题项：

①我积极地参与非必需的公司培训课程 V_{25}；

②我会用私人时间学习各种知识与技能 V_{26}；

③获取新知或新技能是我的一大满足 V_{27}；

④我积极追求自我完善和发展 V_{28}。

“个人创新性”涉及4个题项：

①我内心喜欢在工作上自主创新 V_{29}；

②我总是想着如何改进工作设备以提高效率 V_{30}；

③我总是想着如何改进工作方式以提高效率 V_{31}；

④我总是想着企业如何创新以提高绩效 V_{32}。

“维持公众关系”涉及4个题项：

①我经常在本组织以外的组织参与那些非必需但能帮助树立公司形象的职责 V_{33}；

②只要有机会我就主动参与献血、植树等公益活动 V_{34}；

③我认为应该与外部组织或人员建立良好关系 V_{35}；

④在组织没有要求的情况下，我自觉为有利于公司发展的外组织人员

提供便利和帮助 V_{36}。

每个问题都采用五级李克特量表，5 表示“总是实施”的行为，1 表示“基本不实施”的行为。

6.1.3 因变量：班组绩效

研究的第四部分构建了高绩效班组 5 个构面，通过上述旋转载荷系数可以分别得到：班组文化 P_C、员工自我发展 P_O、员工技能提升 P_S、员工工作主动性 P_M、班组管理的规范性 P_C。

$$P_C = 10.30V_1 + 18.96V_2 + 24.07V_3 + 31.29V_4 + 15.38V_5$$

$$P_S = 18.93V_6 + 15.26V_7 + 21.94V_{13} + 12.89V_{14} + 30.98V_{15}$$

$$P_O = 18.68V_{16} + 16.56V_{17} + 22.95V_{20} + 25.25V_{21} + 16.56V_{22}$$

$$P_M = 10.90V_8 + 13.62V_9 + 16.67V_{10} + 12.438V_{11} + 19.77V_{12} + 7.34v_{26} + 6.65V_{27} + 12.62V_{28}$$

$$P_C = 22.15V_{18} + 21.72V_{19} + 18.93V_{23} + 20.37V_{24} + 16.83V_{25}$$

根据各因子的解释方差程度求得班组绩效的总分 P，即：

$$P = 21.43P_C + 17.70P_S + 19.30P_M + 16.76P_O + 12.13P_C$$

6.2 问卷设计及样本数据收集

6.2.1 专业访谈和访谈结果

本部分结合第三部分的研究，根据从相关文献量表中提取出来的测量项目，设计针对符合研究要求的调研访谈提纲。访谈同样和 5 位管理人员进行了专业访谈。

6.2.2 调查问卷设计

参考以往研究的相关量表以及专业访谈的结果，制定了初始测量项目。并对相关人员做了说明，根据相关人员提出的问卷设计意见和建议进行了修订。在对问卷作了相应调整之后，同样组织了 5 位经理进行调查，问卷测量项目基本达到了要求。填写问卷所需的时间为20～30分钟，在测试过程中普遍反映问卷较长，考虑到实证研究的需要，观测变量数目过少可能导致缺失数据和无效问卷增多，造成无法对结构变量进行估计。小样本调查是由济南供电公司营业班组长填制的。

本次调查选择以北京、上海、山东省公司所属班组为调查对象。经研究确定50个班组为调查对象。问卷调查的时间为2015年5～9月，历时6个月。

问卷发放分为三部分：一是便利抽样法，即采用纸质问卷，请被试者当场集中作答；二是请公司班组相关部门代为发放，抽样方式与第一部分相同；三是滚雪球抽样法，通过各种关系网络，利用电子邮件请被调查者填答。问卷共发放300份，收回问卷216份，回收率为72%，有效问卷90份。

为了确保调查数据的真实性，在问卷调查中采取以下措施：首先，亲自或委托朋友当场发放并收回问卷，且在现场帮助作答；其次，对获得样本数据进行真实性判断，主要包括个人信息是否矛质、问题是否回答完全、回答内容是否冲突等；再次，随机抽取15%进行回访，确定问卷填写的真实性。

6.3 变量因子分析

6.3.1 信度与效度检验

Munnallu(1978)和Devellis (1991)认为量表的Cronbach's Alpha系数在0.7以上是可接受的信度值。Cronbach's Alpha系数最好能达到0.7～0.98，便可相信此构面之问卷具有良好的信度，若系数低于0.35，则表明信度未通过检验。本研究采用Cronbach's Alpha系数做信度检验，用SPSS 16.0进行数据处理。本研究分项以及总体信度系数均大于0.8，表明问卷有较好的内部一致性，见表6-1。

表6-1 信度分析结果

衡量要项	Cronbach's	项　数
权力距离	0.917	6

班组绩效	0.862	28
员工公民行为	0.946	36
总　体	0.893	60

效度分析主要用项目共同度进行检验。本研究所采用的量表题目的皆有国内外研究文献支持，而且经过对初始量分别进行了专家咨询和小范围预试和修改。因此，本研究的量表为有良好的内容效度。

6.3.2　变量因子分析

6.3.2.1　自变量的因子分析

自变量 KMO 值为 0.86，Bartlett 球型检验，Chi-Square 值为1863.42，Sig 值为 0.000，表示适合进行因子分析。采用方差最大正交旋转（Varimax）对数据进行探索性因子分析，结果发现问卷中的 13 个项目获得检验支持并较好地由 3 个因子解释（从特征值看，前 8 个因子均大于 1，碎石图走势也表明前 3 个因子变动较大），累积贡献率达到76.31%，结果如表 6-2、6-3 所示。

表 6-2　　员工公民行为探索性因子分析

旋转成分矩阵a									
	1	2	3	4	5	6	7	8	9
V_1	0.563								
V_2	0.675								
V_3	0.891								
V_4	0.786								
V_5		0.744							
V_6		0.667							
V_7		0.768							
V_8		0.712							

续表

旋转成分矩阵a

	1	2	3	4	5	6	7	8	9
V_{9}			0.768						
V_{10}			0.745						
V_{11}			0.656						
V_{12}			0.749						
V_{13}				0.769					
V_{14}				0.675					
V_{15}				0.801					
V_{16}				0.827					
V_{17}					0.674				
V_{18}					0.863				
V_{19}					0.716				
V_{20}					0.768				
V_{21}						0.807			
V_{22}						0.847			
V_{23}						0.531			
V_{24}						0.854			
V_{25}							0.681		
V_{26}							0.647		
V_{27}							0.741		
V_{28}							0.572		
V_{29}								0.816	
V_{30}								0.748	
V_{31}								0.645	
V_{32}								0.725	
V_{33}									0.742

续表

旋转成分矩阵a									
	1	2	3	4	5	6	7	8	9
V_{34}									0.761
V_{35}									0.867
V_{36}									0.865

提取方法：主成分分析法。

旋转法：具有 Kaiser 标准化的正交旋转法。

a：旋转在 6 次迭代后收敛。

表 6-3　　员工公民行为因子及权重

构　面	简 称	指　标	权　重
帮助行为 0.113	E_h	我经常自觉帮助新员工熟悉环境和工作	0.193
		我经常帮助工作量繁重或绩效落后的同事	0.313
		我经常帮助缺席的员工	0.254
		我时刻准备好向周围的人伸出援手	0.240
运动员精神 0.121	E_s	我是那种典型的无埋怨积极主动工作的人	0.147
		我很少花费时间抱怨那些不重要的事情	0.310
		我在关注于做错了什么的同时，总是会去看待事情积极的一面	0.253
		我总是尽可能与他人保持合作态度，即使要牺牲个人利益	0.290
组织忠诚 0.132	E_l	当其他员工都在批评组织时，我总是自然而然地维护组织	0.302
		当有人抨击组织时，我总是极力维护组织	0.209
		我严格保守组织秘密	0.259
		组织处于经营逆境时，我决不会轻易背离组织	0.230

续表

构　面	简称	指　标	权　重
组织遵从 0.108	E_o	我从不在非必要时离开工作岗位	0.252
		我从不花多余的时间用来休息	0.172
		即使在没有他人在场的情况下，我仍严格遵守组织规章制度	0.276
		我总是服从组织安排，并严格照章办事	0.300
公民美德 0.074	E_p	我积极参与那些非必需但涉及公司经营决策的会议	0.212
		我平时总习惯性地有意识地节约和保护组织资源	0.272
		我总是很留心地关注有可能破坏组织的行为，并及时向组织汇报	0.267
		我随时关注组织的最新规章制度	0.248
意见表露 0.144	E_x	即使别人都表示反对，对那些可能给自己带来严重影响的事我也诚实地表达观点	0.242
		我经常激励别人表达他(她)的观点和看法	0.243
		我经常鼓励那些原本不会大胆说出自己观点、做事过于犹豫的同事	0.267
		我经常就如何使组织得到更好发展这样的问题与同事进行交流	0.248
自我发展 0.112	E_d	我积极地参与非必需的公司培训课程	0.224
		我会用私人时间学习各种知识与技能	0.234
		获取新知或新技能是我的一大满足	0.276
		我积极追求自我完善和发展	0.266
个人创新性 0.125	E_i	我内心喜欢在工作上自主创新	0.246
		我总是想着如何改进工作设备以提高效率	0.243
		我总是想着如何改进工作方式以提高效率	0.267
		我总是想着企业如何创新以提高绩效	0.244

续表

构 面	简称	指 标	权 重
维持公众关系 0.071	E_c	我经常在本组织以外的组织参与那些非必需但能帮助树立公司形象的职责	0.251
		只要有机会我就主动参与献血、植树等公益活动	0.243
		我认为应该与外部组织或人员建立良好关系	0.237
		在组织没有要求的情况下，我自觉为有利于公司发展的外组织人员提供便利和帮助	0.269

通过上述旋转载荷系数可以分别得到 F_1、F_2、F_3、F_4、F_5、F_6、F_7、F_8、F_9，分别为 E_h、E_s、E_l、E_o、E_p、E_x、E_d、E_i、E_c。然后，根据各因子的解释方差程度求得员工公民行为的总分 E_T，即：

$$E_h = 0.193V_1 + 0.313V_2 + 0.254V_3 + 0.240V_4$$

$$E_s = 0.147V_5 + 0.310V_6 + 0.253V_7 + 0.290V_8$$

$$E_l = 0.302V_9 + 0.209V_{10} + 0.259V_{11} + 0.230V_{12}$$

$$E_o = 0.252V_{13} + 0.172V_{14} + 0.276V_{15} + 0.300V_{16}$$

$$E_p = 0.212V_{13} + 0.272V_{14} + 0.267V_{15} + 0.248V_{16}$$

$$E_x = 0.242V_1 + 0.243V_2 + 0.267V_3 + 0.248V_4$$

$$E_s = 0.147V_5 + 0.310V_6 + 0.253V_7 + 0.290V_8$$

$$E_d = 0.224V_9 + 0.234V_{10} + 0.276V_{11} + 0.266V_{12}$$

$$E_i = 0.251V_{13} + 0.243V_{14} + 0.237V_{15} + 0.269V_{16}$$

根据各因子的解释方差程度求得班组绩效的总分 E_T，即：

$$E_T = 113E_h + 0.121Es + 0.132E_l + 0.108E_o + 0.074E_p + 0.144E_x + 0.112E_d + 0.125E_i + 0.071E_c$$

6.3.2.2 调节变量的因子分析

调节变量权力距离文化的 KMO 值为 0.805，Bartlett 球型检验

Chi-Square值为1564.26,Sig值为0.000,表示适合进行因子分析。采用方差最大正交旋转(Varimax)对数据进行探索性因子分析,结果发现问卷中的6个项目获得检验支持并较好地由1个因子解释,累积贡献率达到67.42%,结果如表6-4、表6-5所示。

表6-4　　权力距离文化探索性因子分析

旋转成分矩阵a	
V_1	0.843
V_2	0.659
V_3	0.740
V_4	0.775
V_5	0.654
V_6	0.867

提取方法:主成分分析法。

旋转法:具有 Kaiser 标准化的正交旋转法。

a:旋转在6次迭代后收敛。

表6-5　　权力距离文化探索性因子及权重

构面	简称	指　标	权　重
权力距离文化	C_p	在大部分情况下,管理者在制定决策时并不需要咨询下属的意见	0.140
		管理者应该经常使用职权和威严来处理与下属的相关问题	0.213
		管理者不必要求员工就目前的现状提出一些合理化的建议	0.210
		管理者不应该把极为重要的任务交予他的下属去执行	0.160
		上级应当避免与下属有工作之外的交往	0.130
		员工不该一味地顺从管理者的决定	0.147

根据各因子的解释方差程度求得权力距离文化得分 C_p，即：

$$C_p=0.140V_1+0.213V_2+0.210V_3+0.160V_4+0.130V_5+0.147V_6$$

6.3.2.3　变量间的相关分析

对内部变量间关系探讨，需要对模型二实行多元回归分析，回归结果见表 6-6。

表 6-6　　变量间的相关分析

	平均差	方差	P	E_T	C_p
P	2.78	1.21			
E_T	4.11	0.89	0.45**		
C_p	3.42	1.08	−0.06	−0.08	

注：***$p<=0.001$；**$p<=0.01$；*$p<=0.05$；N=90。

6.3.2.4　主效应分析

将自变量（员工公民行为）对因变量（班组绩效）求回归，自变量对因变量有显著的影响，并存在正向的影响作用（F=26.19%，调整后的 $R^2=0.72$），有关主效应的假设检验结果表明假设 1 被接受。见表 6-7。

表 6-7　　主效应检验结果

		标准化估计值	T 值	R^2	F	P	检验结果
假设 1：员工公民行为对班组绩效有正向影响	E_T-P	0.339***	3.244	31.5%	26.19	0.000	通过

注：***$p<=0.001$；**$p<=0.01$；*$p<=0.05$；N=90。

6.3.2.5　调节效应分析

根据因子分析的载荷值将自变量（员工公民行为）各个层面指标进行缩减，归为单变量。同时，将因变量（班组绩效）及调节变量（权力距离文化）也按照上述方法进行指标缩减，形成单变量数值。数据处理后，采取逐级回归方法分析权力距离的调节作用，发现权力距离对员工公民行为与班组绩效间关系起调节作用。见表6-8。

表6-8　　调节效应分析

变　量	模型1	模型2	模型3
因变量：班组绩效			
自变量：员工公民行为	1.339***	2.244***	1.139***
调节变量：权力距离		−0.037**	
班组绩效×权力距离		−0.265***	
调整后的 R^2	0.792	0.735	0.712
ΔR^2	0.67	0.023	0.035
F	25.32***	21.46**	23.44**
ΔF	20.67*	21.47**	5.97*
N			

注：***p<=0.001；**p<=0.01；*p<=0.05；N=90。

假设2、假设3得到了证明。调节效应是一种有因果指向的交互效应，而单纯的交互效应可以互为因果关系；调节变量一般不受自变量和因变量的影响，但是可以影响自变量和因变量。在统计回归分析中，检验变量的调节效应就意味着检验调节变量和自变量的交互效应是否显著。

调节效应检验回归方程包括两个，分别是：

$$y=a+bx+cm+e$$

$$y=a+bx+cra+c'mx+e$$

在上述方程中，m为调节变量，mx为调节效应，调节效应是否显著即是分析c是否显著（达到统计学意义上的临界比率0.05水平）。由上表得知，“班组绩效×权力距离文化”的系数较为显著，因此存在“权力距离文化对员工公民行为——班组绩效”的调节作用。

6.4 小结

本部分就权力距离文化对班组高绩效工作系统的影响进行了实证分析。重点分析了权力距离文化的调节效应,建立了相应的调节效应模型,为班组高绩效工作系统在不同班组权力文化背景下的适用性提出了相应的对策。

第7部分　结　论

7.1　“CAOMC”模式的高绩效班组工作系统

7.1.1　“CAOMC”模式的高绩效工作实践关键构面与要素

本书通过对公司班组绩效管理负责人访谈和对相关文献的梳理，参考Delery 和 Doty(1996)的“7 种最佳实践”，发现高绩效工作实践既包含了西方普遍强调的高绩效工作实践，也根植于公司班组高绩效工作实践。研究构建了“CAOMC”模式的高绩效的班组工作系统：班组文化(C)、员工技能提升(A)、员工自我发展(O)、员工工作主动性(M)、班组管理的规范性(C)等构面诠释。如前所述，共涉及 28 个要素。

7.1.2 "CAOMC"模式的高绩效工作实践管理建议

7.1.2.1 建立明晰的班组文化

明晰的班组文化位于高绩效系统的中心位置。Scheider 认为，企业文化在人力资源管理、内部机制形成、员工行为规范、工作流程以及精神追求等方面都发挥着统领性作用。Deal 和 Kennedy 指出，核心价值观的运用、员工榜样的塑造、行为规范的制定、文化环境的打造等方面是企业提升绩效的关键举措。公司各地市班组的班组文化建设实践，对加快推进坚强智能电网建设、推进"三集五大"工作、提升班组绩效水平起到引领作用。

7.1.2.2 建立员工技能提升长效机制

Korb (1965)研究表明，通过持续地对员工的培训可以增加其知识、技能和积极态度，还可以提升员工士气和产品质量。Garavan (1991)衡量培训开发的绩效产出有组织战略执行力提升、对人力资源管理其他职能的贡献、工作满意度、组织适应未来的能力增强等因素。公司通过规范培训管理、强化岗位实训以及建立有效的激励举措，持续提升员工技能。

员工技能的提升应该注重三个方面：

一是制定技能提升的系统计划。

二是培训项目的开发应该基于持续的任务开发，而非短期目标。

三是加强绩效经理人与班组成员的有针对性的绩效辅导。

7.1.2.3 注重激发员工工作主动性

Park 等人(2003)经实证研究发现，含有与绩效相联系的薪酬的人力资源系统可通过员工的技能、态度与行为来影响企业绩效，而公平公正的绩效评价体系在其中起到重要作用。Lau 和 Sholihin (2005)探究了当代绩效评估体系对员工工作满意度的影响，认为当员工信任主管并感知绩效评估公平时，绩效评估体系的运用对雇员的工作满意度有积极的影响。

公司要求发挥班组民主管理作用，实施班务公开，公开绩效考核、奖金分配、评先选优、岗位晋级等情况，尽可能地实现班组绩效评估等体制的有效性，以提升员工工作的主动性。

员工工作主动性的提升应该注重三个方面：

一是绩效评估的导向性。绩效评估应注重员工行为导向，并注重以鼓励员工发展为目的，而非对员工进行惩罚。

二是薪酬奖励。班组绩效应强调报酬的内部公平。

三是班组应注重员工的自主管理。通过以小型、多样、新颖的班组学习活动激发员工学习兴趣，引导员工将学习与岗位创新、岗位成才相结合，实现工作学习化、学习工作化。

7.1.2.4 关注员工自我发展

Thomas Zwick (2006)调查发现，大多数员工想要更多的参与机会和在影响工作场所的公司决策方面更高的话语权。同时，他还发现多于 3/4 的工人感觉到给予工人关于生产更高的话语权将提高竞争力、改善质量和提高工作满意度。公司要求构筑员工职业生涯阶梯式发展通道，拓展员工职业发展空间，形成员工职业生涯发展良性机制。

员工工作主动性的提升应该注重两个方面：一是员工职业发展。班组长作为绩效经理人，应该了解员工在公司内的职业发展意愿，并让员工看到晋升中有适合的机会与岗位。二是员工参与。经理人与员工不断进行坦诚的沟通，在决策过程中会经常参考员工的意见；在可能的情形下，让员工可以自己决定工作内容和方式。

7.1.2.5 班组管理的规范性

Ichniowski 等提出了激励性薪酬、利润分享、高度参与、员工培训、雇佣安全、工作轮换、信息分享以及员工参与会议、工会和申诉程序的实践。

员工工作主动性的提升应该注重两个方面：

一是工作分析。完善岗位职责说明书。公司要求班组做到工作过程管理，班组的工作项目或作业项目应有相应标准或作业指导书（卡）等标准化作业文本。标准化作业文本应包含和符合上级有关法规、标准、制度、规范、文件的要求，应明确工作或作业全过程中对人、事、物的要求，应明确工作环节或作业环节中应填写的记录、报告、报表等，实现对关键环节进行控制和追溯。主管单位（部门）要定期组织对标准化作业文本执行情况进行评价，对班组在执行中反馈的意见和建议进行分析，不断完善标准化作业文本。

二是安全管理。班组要安全举措做到位。公司要求开展作业安全风险辨识和防范，根据生产组织和作业管理流程，系统辨识和防范作业过程事故风险，落实安全组织措施、技术措施和应急预案相关措施，确保作业安全得到有效控制。积极开展班组安全性评价、事故隐患排查治理、日常安全自查整改工作和安全日活动，落实员工“三不伤害”（不伤害自己、不伤害别人、不被别人伤害）要求，严格执行“两票三制”，坚持“四不放过”（事故原因不清楚不放过、事故责任者和应受教育者没有受到教育不放过、没有采取防范措施不放过、事故责任者没有受到处罚不放过）原则，深刻吸取事故教训，举一反三，落实整改措施，提高员工自我防范能力。加强班组劳动保护和职业安全卫生工作，保障员工在生产劳动中的安全健康。

7.2 "CAOMC"模式的高绩效班组工作系统作用机理研究

7.2.1 权力距离差异对"CAOMC"模式的高绩效工作系统的调节作用

权力距离导向一般作为个体的价值观因素来探讨它对个体态度、认知、行为的影响。Paine Organ(2000)提出,高权力距离文化中的员工接受不平等普遍存在这一现实,所以他们即使受到不公平的待遇,也不会太过介意。

本研究通过构建公司权力距离差异量表,度量了权力距离差异程度。更进一步开发了公司员工组织公民行为量表,验证了权力距离差异对"CAOMC"模式的高绩效工作系统的调节作用。

7.2.2 "CAOMC"模式的高绩效班组工作系统作用机理管理建议

7.2.2.1 注重提升公司组织公民行为

组织公民行为对员工绩效可以分为主观影响和客观影响两方面。员工的组织公民行为影响绩效评估者对员工的绩效评估过程,从而最终影响到员工绩效评估结果。组织公民行为当中的某些特征维度对员工的工作绩效将产生直接与间接的影响。公司要求班组抓好员工的职业道德教育,培育企业主人翁意识,牢固树立遵纪守法、诚实守信、乐于奉献的理念,强化服务意识,自觉维护企业形象。通过开展创建工人先锋号、党员服务窗口、青年文明号、巾帼建功和岗位能手等创先争优活动,宣传先进典型,培育进取精神。

提升公司组织公民行为应该注重以下九个方面:

一是关注员工的帮助行为。尤其是出现员工经常帮助工作量繁重或绩效落后的同事的情形,应加强鼓励与激励。

二是关注员工的运动员精神。员工很少花费时间抱怨那些不重要的事情，并注重与他人保持合作态度，绩效经理人要加强引导和关注。

三是关注员工的组织忠诚。当其他员工都在批评组织时，员工总是自然而然地维护组织，绩效经理人应注重引导。

四是关注员工的组织遵从行为。班组应该加强引导员工服从组织安排，并严格照章办事的行为。

五是关注员工的公民美德的培养。有些员工很留心地关注有可能破坏组织的行为，并及时向组织汇报，引导班组和谐。

六是关注员工的意见表露。员工沉默行为是阻碍班组绩效和工作的障碍。绩效经理人应该鼓励那些原本不会大胆说出自己观点、做事过于犹豫的员工，经常激励他们表达自己的观点和看法。

七是关注员工的自我发展。绩效经理人应该注重引导员工获取新知或新技能的意识。鼓励他们参加培训课程，利用各种可能性提升其知识和技能，让他们追求自我完善和发展。

八是关注员工的个人创新性。引导员工想着如何改进工作方式提高效率、改进工作设备提高效率，推进其在工作上自主创新。

九是关注员工维持公众关系。在组织没有要求的情况下，让员工自觉为有利于公司发展的外组织人员提供便利和帮助。

7.2.2.2 培育有特色、有针对性的班组权力距离文化

Brockner 等人（2001）指出，权力距离直接影响着员工的角色定位及行为方式的选择。当与领导意见不一致时，高权力距离导向的员工也会为了避免与上级的冲突而不加批判地接受上级的最终决定（Kirkbride etal.，

1991)。Detert 和 Edmondson(2011)发现员工会通过观察领导的行为、端摩领导的心理发展出自己的一套组织沟通规范认知地图,员工借此地图来判断自己的工作内容和工作投入。

提升公司组织公民行为应该注重以下两个方面:

一是管理者应该注意使用职权和威严来处理与下属相关的事宜。

二是管理者应尽可能地要求员工就目前的现状提出一些合理化的建议。积极引导员工参与班组民主管理,不定期召开班组民主生活会,及时征求员工对班组工作的意见和建议。

参考文献

（一）中文文献

1. 侯文君:《JZ供电公司绩效管理体系研究》,山西大学出版社 2012 年版。

2. 朱庆吉:《供电公司绩效管理体系构建》,南京大学出版社 2012 年版。

3. 闫伟:《金乡县供电公司绩效管理研究》,华北电力大学出版社 2014 年版。

4. [美]加里·P·莱瑟姆、肯尼斯·N·韦克斯利:《绩效考评——致力于提高企事业组织的综合实力》,中国人民大学出版社 2002 年版。

5. 吴慈生、孙薇:《高绩效工作系统与组织绩效研究评述》,载《现代管理科学》2007 年第 11 期。

6. 王操红、邹湘湘:《高绩效工作系统内涵及组成研究述评与展望》,载《统计与决策》2009 年第 9 期。

7. 徐笑君:《权力距离、不确定性规避对跨国公司总部知识转移的调节效应研究》,载《经济管理》2010 年第 1 期。

8. 邸燕茹:《权力距离和不确定性规避文化视角的中国高绩效工作系统研究》,载《首都经贸大学》2013 年第 10 期。

9. 杨杰、方俐洛:《对绩效评价的若干基本问题的思考》,载《中国管理科学》2000 年第 12 期。

10. 赵黎明、李振华:《对企业员工工作绩效考核问题的探讨》,载《科技管理研究》2001 年第 5 期。

11. 王凌峰:《员工绩效评价新方法的原理与实例》,载《中国人力资源开发》2002 年第 4 期。

12. 袁一骏:《绩效管理创新》,载《现代管理科学》2002 年第 4 期。

(二)外文文献

1. M. Mercedes Canavesio & Ernesto Martinez. Enterprise modeling of a project-oriented fractal company for SMEs networking. *Computers in Industry*, 2007, 29(8).

2. Way A. High performance work systems and intermediate indicators of firm performance within the U. S. small business sector. *Journal of Management*, 2002, 28(6).

3. Combs J., Liu Y. M. & Hall A. Ketchen. D. How much do high-performance work practices matter a meta-analysis of their effects on organizational performance. *Personnel Psychology*, 2006, 59(3).

4. Organ D. W. *Organizational Citizenship Behavior: The Good Soldier Syndrome*. Lexington, MA: Lexington Books, 1988.

5. Mackenzie S. B. & Podsakoff P. M. Organizational citizenship behaviors: A critical review of the theoretical and empirical literature and suggestions for future research. *Journal of Management*, 2000, 26(3).

6. Mackenzie S. B., Podsakoff P. M. & Fetter R. Organizational citizenship behavior and objective productivity as determinants of managerial evaluations of sales-persons' performance. *Organizational Behavior and Human Decision Processes*, 1991, 50(1).

7. Whitener, E. M. Do high commitment human resource practices affect employee commitment? A cross level analysis using hierarchical linear modeling. *Journal of Management*, 2001, 27.

8. Takeuchi, R. et al., An empirical examination of the mechanisms mediating between high-performance work systems and the performance of japanese organizations. *Journal of Applied Psychology*, 2007, 92(4).

9. Lepak, P. D., et al. A conceptual review of human resource man-

agement systems in strategic human resource management research. *Research in Personnel and Human Resources Management*, 2006, 25.

10. Bailey, T. *Discretionary Effort and the Organization of Work: Employee Participation and Work Reform Since Hawthorne*. New York: Columbia University, 1993.

附录1 组织公民行为开放式调查问卷

您好！感谢您在百忙之中能抽空来填写此问卷。本项调查是为了探析企业员工在工作中的某类行为与其工作绩效之间的关系。您所提供的答案无对错之分，因此，诚请您实际工作中怎么做就怎么答。您也不必有顾虑，因为您所填写的问卷，我们将严格保密，您的个人结果不会与您当前的班组和工作相联系，只用于研究和统计分析。因此，请您按照指导语的要求认真、如实、独立地填写。您回答的真实性对于本研究的准确性十分重要。

一、请根据您的实际情况，在每题右边最合适的答案上画圈。

问题	非常正确	比较正确	一般	不太正确	非常不正确
1.班组建立了价值取向、特色鲜明的员工愿景	5	4	3	2	1
2.班组践行“诚信、责任、创新、奉献”	5	4	3	2	1
3.班组有多种多样的职工小家、文体活动	5	4	3	2	1
4.班组有明确的行为准则	5	4	3	2	1
5.班组内部团结和谐	5	4	3	2	1
6.公司有针对提高新员工工作技能的系统培训计划	5	4	3	2	1
7.班组培训项目基于持续的任务开发，而非短期目标	5	4	3	2	1
8.绩效评估保持班组公平	5	4	3	2	1
9.绩效评估注重员工行为导向	5	4	3	2	1

10. 绩效评估的重点是鼓励员工发展而非员工惩罚	5	4	3	2	1
11. 奖励薪酬与班组绩效挂钩的程度很大	5	4	3	2	1
12. 班组强调报酬的内部公平	5	4	3	2	1
13. 定期开展绩效面谈制度	5	4	3	2	1
14. 建立特殊事件督导督办制度	5	4	3	2	1
15. 有针对性地进行绩效辅导	5	4	3	2	1
16. 班组长了解员工在公司内的职业发展意愿	5	4	3	2	1
17. 员工在晋升中有适合的职位	5	4	3	2	1
18. 班组保障员工就业安全举措做得很到位	5	4	3	2	1
19. 如果员工遇到困难，班组总是会妥当安排	5	4	3	2	1
20. 经理人员与员工不断进行坦诚的沟通	5	4	3	2	1
21. 在决策过程中会经常参考员工的意见	5	4	3	2	1
22. 员工在很多情况下可以自己决定工作内容和方式	5	4	3	2	1
23. 员工的工作职责有清晰的描述	5	4	3	2	1
24. 员工的岗位职责说明书包含了员工应该完成的所有职责	5	4	3	2	1
25. 员工在实际工作中能严格遵守岗位职责说明书的要求	5	4	3	2	1
26. 班组有规范的 QC 小组活动	5	4	3	2	1
27. 班组围绕提高工作（产品）质量（效率）、降低消耗、创造良好的工作环境等方面开展研讨	5	4	3	2	1
28. 班组为员工参加创新成果的评比和专利成果的申报创造条件	5	4	3	2	1

二、请您再拨冗填写个人信息，以便统计整理时使用。

1.您所在单位的班组：__________班组

2.您所属的部门：______________部门

3.您在公司工作的年数：□1～3年　□4～6年　□7～10年　□10年以上

4.您的性别：□男　□女

5.您的年龄：□20～24岁　□25～34岁　□35～44岁　□45～55　□55岁以上

6.您的文化程度：□硕士、双学士　□大学本科　□大专　□中专　□中专以下

7.您的职位级别：□中层管理人员　□班组长　□一般员工

附录2　组织公民行为开放式调查问卷

您好！感谢您在百忙之中能抽空来填写此问卷。本项调查是为了探析企业员工在工作中的某类行为与其工作绩效之间的关系。您所提供的答案无对错之分，因此，诚请您实际工作中怎么做就怎么答。您也不必有顾虑，因为您所填写的问卷，我们将严格保密，您的个人结果不会与您当前的班组和工作相联系，只用于研究和统计分析。因此，请您按照指导语的要求认真、如实、独立地填写。您回答的真实性对于本研究的准确性十分重要。

一、请您仔细阅读下列问题，然后将您的想法逐条详尽地写下来，越多越好。

在您的工作中，经常有这样一些自觉行为：您的正式工作职责没有强调，您的劳动报酬合同也没有规定，因而您实施这类行为没有明文规定的直接报酬，同样，您也不会因为没有实施这类行为而受到惩罚。但是，您的这类行为却有利于同事工作的改善，或组织绩效的提高。请对这样一些行为给予列举：

1. ______________________________
2. ______________________________
3. ______________________________
4. ______________________________
5. ______________________________
6. ______________________________
7. ______________________________

8.____

二、请您再拨冗填写个人信息，以便统计整理时使用。

1.您所在单位的班组：______________班组

2.您所属的部门：______________部门

3.您在公司工作的年数：□1～3 年　□4～6 年　□7～10 年　□10 年以上

4.您的性别：□男　□女

5.您的年龄：□20～24 岁　□25～34 岁　□35～44 岁　□45～55　□55 岁以上

6.您的文化程度：□硕士、双学士　□大学本科　□大专　□中专　□中专以下

7.您的职位级别：□中层管理人员　□班组长　□一般员工

附录3　组织公民行为与工作绩效调查问卷

您好！我们正在进行一项有关企业员工的组织公民行为及其与员工绩效关系的研究，这些问题没有对或错的答案，所以，请您根据自己的实际情况回答。此问卷调查纯属研究需要，问卷匿名填写，您的答案只供研究使用，填答结果将交由电脑进行整体分析，绝不做个别的处理或披露，请您放心如实地填写。忠诚感谢您的支持！

一、请根据您的实际情况，在每题右边最合适的答案上画圈。

问　题	非常正确	比较正确	一般	不太正确	非常不正确
1. 我经常自觉帮助新员工熟悉环境和工作	5	4	3	2	1
2. 我经常帮助工作量繁重或绩效落后的同事	5	4	3	2	1
3. 我经常帮助缺席的员工	5	4	3	2	1
4. 我时刻准备好向周围的人伸出援手	5	4	3	2	1
5. 我属于无埋怨积极主动工作的人	5	4	3	2	1
6. 我很少花费时间抱怨那些不重要的事情	5	4	3	2	1
7. 我在关注于做错了什么的同时，总是会去看待事情积极的一面	5	4	3	2	1
8. 我总是尽可能地与他人保持合作态度，即使要牺牲个人利益	5	4	3	2	1

9. 当其他员工都在批评组织时，我总是自然而然地维护组织	5	4	3	2	1
10. 当组织外的人抨击它时，我总是极力维护组织	5	4	3	2	1
11. 我严格保守组织秘密	5	4	3	2	1
12. 组织处于经营逆境时，我决不会轻易背离组织	5	4	3	2	1
13. 我从不在非必要时离开工作岗位	5	4	3	2	1
14. 我从不花多余的时间用来休息	5	4	3	2	1
15. 即使在没有他人在场的情况下，我仍严格遵守组织规章制度	5	4	3	2	1
16. 我总是服从组织安排，并严格照章办事	5	4	3	2	1
17. 我积极参与那些非必需但涉及公司经营决策的会议	5	4	3	2	1
18. 我平时总习惯性地有意识节约和保护组织资源	5	4	3	2	1
19. 我总是很留心地关注有可能破坏组织的行为，并及时向组织汇报	5	4	3	2	1
20. 我随时关注组织的最新规章制度	5	4	3	2	1
21. 我内心喜欢在工作上自主创新	5	4	3	2	1
22. 我总是想着如何改进工作设备提高效率	5	4	3	2	1
23. 我总是想着如何改进工作方式提高效率	5	4	3	2	1
24. 我总是想着企业如何创新以提高绩效率	5	4	3	2	1
25. 我非常积极地参与非必需的公司培训课程	5	4	3	2	1
26. 我会用大量私人时间学习各种知识与技能	5	4	3	2	1
27. 获取新知或新的技能是自己的一大满足	5	4	3	2	1
28. 我积极追求自我完善和发展	5	4	3	2	1
29. 即使别人都表示反对，对那些可能会带来	5	4	3	2	1

30. 我经常激励别人表达他(她)的观点和看法	5	4	3	2	1
31. 我经常鼓励那些原本不会大胆说出自己观点、做事过于犹豫和冷静的同事	5	4	3	2	1
32. 我经常就如何使组织得到更好发展这样的问题与同事进行交流	5	4	3	2	1
33. 我经常在本组织以外的组织参与那些非必需但能帮助树立公司形象的职责	5	4	3	2	1
34. 有机会我就主动参与献血、植树等公益活动	5	4	3	2	1
35. 我认为应该与外部组织和人员建立良好关系	5	4	3	2	1
36. 在组织没有要求的情况下,我自觉为有利于公司的外组织人员提供便利和帮助	5	4	3	2	1

二、请根据您的实际情况,在每题右边最合适的答案上画圈。

问　题	非常正确	比较正确	一般	不太正确	非常不正确
1. 我喜欢自己工作中所干的事	5	4	3	2	1
2. 我有一种对自己所从事工作的自豪感	5	4	3	2	1
3. 大部分的时间我都对我的工作充满了热情	5	4	3	2	1
4. 我的上级很能胜任他(她)的职务	5	4	3	2	1
5. 我经常从上级那里得到支持和指导	5	4	3	2	1
6. 我对上级感到非常满意	5	4	3	2	1
7. 我觉得自己做的工作可以得到一个公平回报	5	4	3	2	1
8. 我对自己涨薪水的机会感到满意	5	4	3	2	1
9. 当我的工作表现出色,我会得到应有的奖励	5	4	3	2	1
10. 我对我的晋升机会感到满意	5	4	3	2	1
11. 我对我的绩效评估结果感到满意	5	4	3	2	1
12. 我喜欢和我共事的人	5	4	3	2	1
13. 我所在组织的人际交往看上去很不错	5	4	3	2	1

14. 我感到自己的价值观和组织的价值观十分相似	5	4	3	2	1
15. 当我告诉别人我是这个组织中的一员时会感到很骄傲	5	4	3	2	1
16. 我很高兴在这个组织中度过我余下的职业生涯	5	4	3	2	1
17. 如果现在离开我的组织，我会感到内疚	5	4	3	2	1
18. 生活中大多数时候我的情绪都比较积极	5	4	3	2	1
19. 我被认为是组织中的活跃分子	5	4	3	2	1
20. 我一直有决心、有信心做好上级布置的任务	5	4	3	2	1
21. 我对工作中的人和事很热心	5	4	3	2	1
22. 组织具有严厉的奖惩条例，并且执行严格	5	4	3	2	1
23. 组织有比较诱人的奖励措施鼓励员工创新行为	5	4	3	2	1
24. 组织的工作安排程序公正、公平	5	4	3	2	1
25. 组织绩效考核程序透明、结果公平	5	4	3	2	1
26. 组织具有较强的企业文化	5	4	3	2	1
27. 组织十分提倡团结合作、互帮互助精神	5	4	3	2	1
28. 任劳任怨、积极合作、少说多做的员工更能得到组织的肯定和好评	5	4	3	2	1
29. 组织相当看重员工资历	5	4	3	2	1
30. 组织很注重与社会组织及其他相关组织的联系	5	4	3	2	1
31. 当员工出现问题时可以从组织那得到帮助	5	4	3	2	1
32. 组织很在乎员工各方面的工作满意度	5	4	3	2	1
33. 组织将组织目标同员工个人职业抱负与发展融为一体地对员工进行职业生涯管理	5	4	3	2	1
34. 当组织开展活动时，员工都积极参与	5	4	3	2	1

35. 领导作风民主	5	4	3	2	1
36. 核心领导比较有个人魅力	5	4	3	2	1
37. 领导会经常换位思考，体谅员工感受	5	4	3	2	1
38. 领导经常发挥示范作用	5	4	3	2	1
39. 领导赏罚分明，注重公平	5	4	3	2	1
40. 我的工作很有吸引力，不会让我感到无聊	5	4	3	2	1
41. 我发现工作能给我真正的享受	5	4	3	2	1
42. 我能从工作说明书上清楚我的工作职责和工作方法	5	4	3	2	1
43. 组织绩效反馈很好地反映了我工作中存在的问题	5	4	3	2	1

二、请您再拨冗填写个人信息，以便统计整理时使用。

1. 您所在单位的班组：______________班组

2. 您所属的部门：______________部门

3. 您在公司工作的年数：□1～3 年　□4～6 年　□7～10 年　□10 年以上

4. 您的性别：□男　□女

5. 您的年龄：□20～24 岁　□25～34 岁　□35～44 岁　□45～55　□55 岁以上

6. 您的文化程度：□硕士、双学士　□大学本科　□大专　□中专　□中专以下

7. 您的职位级别：□中层管理人员　□班组长　□一般员工